教师成长必读系列

· What Every Teacher Should Know About ·

Collaborative Professionalism

When Teaching Together Means Learning for All

—— ANDY HARGREAVES   MICHAEL T. O'CONNOR ——

合作专业主义

一起教学，一起学习

[美] 安迪·哈格里夫斯　[美] 迈克尔·T.奥康纳 / 著

张晓蕾　游　蠡　吕霁月 / 译

上海教育出版社
SHANGHAI EDUCATIONAL
PUBLISHING HOUSE

《合作专业主义：一起教学，一起学习》展现了生动、富有创意且可持续的教师合作设计，它将受到全世界教师、学校领导者和教育决策者的热烈欢迎。

——迈克尔·富兰（Michael Fullan）

加拿大多伦多大学荣休教授

在许多国家，提高教育质量的首选策略是激发学生、教师、学校和地区间无情的竞争。但总体来说，这一方式无济于事。与之相对的更好的方式是合作。人类是高度社会化的物种。很多事之所以成功，大都源自我们协同合作的能力。在这本极富实用性和启发性的书中，作者展示了合作是如何及何以为了学生、教师和学校而持续推动教育变革的。

——肯·罗宾逊爵士（Sir Ken Robinson）

美国教育家，《纽约时报》畅销书《你、你的孩子和学校》作者

《合作专业主义：一起教学，一起学习》一书着力论述了社会资本之于教学和学校改进的重要性，令人印象深刻。作者基于世界各地生动的案例研究及丰富的实践经验，将合作专业主义视为未来全球教育改进的重要阶段。这部优秀的作品是教师、领导者、政策制定者及希望成为合作专业人士的必读书。

——帕西·萨尔伯格（Pasi Sahlberg）

澳大利亚悉尼市贡斯基教育学院教授

我强烈推荐教育政策制定者、学校领导者和骨干教师阅读本书。在信息技术、教师流失率及愈加严峻的外部问责制给教师职业带来前所未有的威胁之际，本书激发读者就教学作为一项专业进行深入思考。本书可读性强，案例丰富，并为促进未来教学专业的健康发展给出富有启发性的具体建议，包括建立工作联盟，以信任为基础构建集体自主性，培养应对未来社会不确定性所需的灵活品质等。

——吉姆·奈特勋爵（Lord Jim Knight）

《泰晤士报教育副刊》前学校部长兼首席教育官

本书开篇即提出这样一个命题：我们的核心问题不是教育工作者是否有能力增进儿童的福祉、改变他们生活的社区，而是我们是否愿意这样做。教育工作很紧迫。对孩子们来说，学校里的每一分钟都十分重要。本书提醒我们，只有团结起来才能做得更好。

——丽贝卡·霍尔科姆（Rebecca Holcombe）

美国佛蒙特州前教育部长

哈格里夫斯和奥康纳写了一本精彩的书。该书向我们展现了全球五种不同文化背景下的人们如何开展教学合作，阐释、深化并手把手地教我们如何转变学校教学，让读者深刻理解建立积极、信任、深入而持久的合作专业主义所经历的重要阶段及其关键要素。

——安·利伯曼（Ann Lieberman）

美国斯坦福大学资深学者

译者序

至少有三种方式来打开安迪·哈格里夫斯（Andy Hargreaves）和迈克尔·T.奥康纳（Michael T. O'Connor）所著《合作专业主义：一起教学，一起学习》这本书。第一种方式是跟随作者的文字"走访"世界不同地方，了解那里的教师合作模式，譬如探访中国香港中学教师的课例研究活动，去美国太平洋西北地区农村学校了解当地的合作网络课程，观察挪威小学教师的协同工作，感受哥伦比亚农村新式学校网络协作中的教学范式转型，探访加拿大安大略省蓬勃发展的由教师主导的专业学习共同体（professional learning communities，PLCs）。通过世界各地的专业合作（professional collaboration）案例，你会发现这些合作设计在课程、教学、评估和反馈、学校改进及社会发展等方面的侧重点。通过这些丰富的合作图景，那些复杂难解的问题逐渐有了答案，包括我们为何要合作，我们如何合作，以及什么样的合作能够称为有效合作等。

第二种方式是尝试去问这样一个问题：什么样的专业合作可称为合作专业主义（collaborative professionalism）？过去30多年，专业合作一直是教师教育研究领域探讨的热门话题（Hargreaves，2019）。

"合作专业主义"这一概念则缘起于加拿大安大略省的教师、行政人员和教育部之间为建立新的工作关系展开的讨价还价。合作专业主义绝不仅是指将合作理解为行使良好的判断力,改进、分享和深化专业知识,而是指专业人员在一起有效工作!在详述和分析世界五个不同地区的合作案例之后,本书进一步提炼出设计合作专业主义的十项原则,并阐述其理论基础和实践特征。此外,作者也不忘提醒我们,合作是一种社会现实的建构。在借鉴和移植不同合作模式的过程中,需要考虑不同国家和地区文化因素的影响。

第三种方式是边读边问:我们能够从合作专业主义的案例中学到什么?为什么教育领导者不仅需要专业合作,还需要持续而深入地支持合作专业主义?阅读本书让我们见证了专业合作网络对于改善偏远农村地区学校教育的重要作用。在书中,我们看到在资源稀缺的哥伦比亚农村学校及美国乡村学校,一位教师需负责整所学校某个科目的教学工作;看到中国香港地区郊区学校中来自"草根"家庭、经济困难学生的不易。事实上,几乎所有的农村教育工作者都面临贫困和地理位置偏僻对学生学业成就造成的负面影响(Budge, 2006; Hargreaves, Parsley & Cox, 2015)。本书提供的证据表明,设计和启动合作网络,利用数字技术克服偏远地区由于地理位置偏僻造成的沟通困难,从而支持有效合作,是改善贫困地区教育的有效途径之一。深厚的合作关系有助于偏远地区教育工作者专业资本的流动,这对于促进该地区教师及学生的长远发展大有助益。也许这也是本书带给我们的重要启示,即战略性地推进并深化专业合作网络对促进和提升全民教育公平性具有重要作用。

对中国读者来说,合作专业主义的努力值得关注。长期以来,中国内地学校都有合作式校本教师学习的传统。学校教师的专业学习与合作多以学科为基础,依托教研组和备课组开展。与理想状态下的专业学习共同体强调教师之间自发、自愿、以发展为导向的协作工作关系有所不同(Hargreaves,1994;Harris & Jones,2010;Stoll et al.,2006),我国中小学的校本教研呈现自上而下、"硬造"的学习共同体特征(Wang & Paine,2003;Zhang & Wong,2018)。然而,正如本书所认为的,"硬造"的合作与自发性合作在实践中均存在不足。本书所阐述的合作专业主义则是教师之间自发建立的基于相互信任、共担风险的稳固的合作关系;不仅如此,它还包括战略上或制度上支持合作行动的工具、结构、指导、反馈、评估等一系列策略或架构。这种合作设计克服了"硬造"合作和非正式合作的先天不足,是专业合作的深入拓展。我们有理由相信,这样的合作设计将在实践中产生更大的影响。

本书包含有关合作专业主义的宝贵智慧。它将不断激励教育领导者、研究者和教师开展集体行动,共同为改变学校教育生态而持续努力。

张晓蕾

华东师范大学课程与教学研究所

2024 年 5 月 30 日

参考文献

Budge, K. (2006). Rural Leaders, Rural Places: Problem, Privilege, and Possibility. *Journal of Research in Rural Education*, 21(13), 1 - 10.

Hargreaves, A. (1994).: *Changing Teachers, Changing Times: Teachers' Work and Culture in the Postmodern Age*. London: Cassell.

Hargreaves, A. (2019). Teacher Collaboration: 30 Years of Research on Its Nature, Forms, Limitations and Effects. *Teachers and Teaching*, 25 (5), 603 – 621.

Hargreaves, A., Parsley, D., & Cox, E. K. (2015). Designing Rural School Improvement Networks: Aspirations and Actualities. *Peabody Journal of Education*, 90(2), 306 – 321.

Harris, A., & Jones, M. (2010). Professional Learning Communities and System Improvement. *Improving Schools*, 13(2), 172 – 181.

Stoll, L., Bolam, R., McMahon, A., Wallace, M., & Thomas, S. (2006). Professional Learning Communities: A Review of the Literature. *Journal of Educational Change*, 7(4), 221 – 258.

Wang, J., & Paine, L. (2003). Learning to Teach with Mandated Curriculum and Public Examination of Teaching as Contexts. *Teaching and Teacher Education*, 19(1), 75 – 94.

Zhang, X., & Wong, J. (2018). How Do Teachers Learn Together? A Study of School-based Teacher Learning in China from the Perspective of Organisational Learning. *Teachers and Teaching*, 24(2), 119 – 134.

前　言

本书讲述的是教师及教育工作者的合作何以可能以及如何发生。过去 30 年，我与各路有识之士一起，致力于探索和支持教育工作者间的合作。我们观察过小学教师是否及为何将他们课堂之外的时间用于个人发展或团队合作；我们尝试分析高中教师如何基于各自学科组展开合作；我们也调查了同行合作关系中引发教师积极情绪和消极情绪的各种可能因素。在加拿大、英国和美国，我们对教师合作网络的设计与开发展开研究，并为这项工作的持续推进提供支持。我们看到不同学区如何在相互改进的努力中彼此成就。我们在九个国家和地区建立了包括教育部长和专业领导者在内的合作关系。我们在为所有学生创造更大范围的平等与包容的教育征程中成为彼此的重要合作伙伴。

应该说，我对于教育者之间的合作及如何在实践中开展合作了如指掌。至少，当 WISE 基金会（WISE Foundation）愿意提供为期一年的有关教育变革的研究项目资助时，我就是这么想的。由于前期已经做过很多相关研究，我原想与同事迈克尔·T. 奥康纳一起简单套用开发成熟的框架，再用一套国际化的案例研究来展示这些框架即可。我们完全可以拾起现有研究发现,并将其运用到一系列不同的社会系统情境中。

然而,实际情况远远超出我们的意料!事实上,我们发现,各地区的合作虽然同为合作,却因不同文化情境因素的影响而呈现出显著差异。1987年,我从英国搬到加拿大后的经历让我逐渐明白这一点。记得当时在英国,作为一名年轻学者,我已习惯于听资深同事说我的想法不会奏效,也不会得到资助。那时在我的职业生涯里,我感觉自己似乎必须为每件事辩护和发声,方能有机会让这些想法被接受。然而,当我来到加拿大后,大学和基础教育学校的同事纷纷向我咨询,请我为他们提供专业支持。这也为我的研究和想法提供了来自实践情境的反馈。我受邀加入合作网络,与大学和基础教育学校的同事建立伙伴关系,并参与其他合作。我的大多数想法(现在是我们的想法)就这样被接受了。是的,那一刻,我发现我还有很多工作要做!

经过一年左右的时间,我突然意识到自己在不知不觉中发生了变化。在英国,当我教书或做讲座时,我的肢体语言虽然丰富,却生硬呆板——有点像英国前首相托尼·布莱尔(Tony Blair)。来到加拿大后,我的肢体语言开始发生变化。在未及多想的情况下,我的手势和肢体语言都更为自然。某种程度上,合作确实能对人产生不易察觉的影响(当然是积极意义上的)——这种影响的发生往往伴随着文化的转换。所以,当我们思考如何设计有趣的教师合作——如将亚洲的课例研究或美国的专业学习共同体移植到不同文化情境中——这些状况理应引起注意。

通过研究不同的合作案例,我们还发现,人们的合作方式会随时间的推移而发生变化——合作方式越来越趋于精准。这样的合作更为深入地根植于专业关系中,渗透于日常实践的各个方面。最佳状态下的合作是收放自如的:既结构清晰,又融会贯通。基于已有文献和过去开展的相关实证分析,我们认为,专业合作会经历五个发展阶段。在过去较长一段时间里,个体主义的教学文化占据主导地位,合作的专业文化在很大程度上被忽视了。现如今,专业合作已经历四个演进阶段。

1. **出现**:以专业合作取代个体主义的教学文化。研究表明,专业合作对学生学业成就有积极正向的影响。

2. **怀疑**:某些类型的专业合作停留于口号,并未落实于行动;另一些合作(被称为"硬造"或"强加"的同事合作)则迫于执行自上而下的任务,以致合作效果不佳。

3. **设计**:一些具体的专业合作形式出现,包括专业学习共同体、数据团队、合作行动研究等。

4. **转变**:从专业合作过渡到更深层次的合作专业主义。这种专业合作范式在结构和方法上更为精准,其表现方式并不仅仅局限于额外开会,还潜移默化地贯穿在教师日常实践的各个方面,根植于同事间彼此信任、积极和开放的关系。

有效合作的一个关键特征是骄傲和谦逊的独特结合。骄傲指的是肯定自己(在某些领域)拥有专长,而不是对肯定和发挥这些专长保持沉默。出于礼貌而沉默不语,或担心表现出自负或自恋而冒犯他人的犹豫不决,都属于虚假的谦逊。这种谦逊只会阻碍我们收获来自同行及学生反馈的宝贵知识与见解。

真正的谦逊是认识到虽然我们作为专业人士已在某些领域做出重要贡献,但没有人无所不知、无所不能。真正的谦逊是能够汇聚同事的想法和洞见,包含一些有待完善的知识与观点,共同解开助益学生学习与发展的难题与奥秘。真正的谦逊使领导者能够彼此分享,实现分布式领导,从而让专业人士拥有的知识和专长得以释放。必须承认,起初,我们甚至不知道这可能就是所谓的专业主义的一部分。事实上,行动起来共同探究就是合作专业主义的本质所在。

在我们开始这个项目并撰写本书之前,说我们对专业合作知之甚少肯定是不恰切的。过往 30 年对合作问题的研究使我们积累了很多关于合作的知识。但我们并非无所不知。每过一段时间,我们都意识到,真正所知与自认为所知之间尚存在差距。

我们正学着欣赏来自不同文化系统中合作的不同面向。我们了解到,合作在许多地方萌芽并发展起来,形成我们称之为"合作专业主义"的深层次合作形式。作为研究人员,我们从彼此身上学到很多东西。我们也很感激各路研究者——从 1932 年威拉德·沃勒(Willard Waller)的《教学社会学》(*The Society of Teaching*)开始——为开辟这一领域的研究而前仆后继做出的贡献。

我们不仅受益于研究教师如何看待合作,还真真切切地从倾听和观察教师——从哥伦比亚的山区到中国香港的塔楼再到加拿大和美国西北太平洋上的偏远社区——如何践行合作中备受启发。我们正学着用不同于学术写作风格的笔调——一种融合大学研究者和杂志专栏作家风格的笔调——撰写本书。我们希望本书不仅是一份严谨的学术研究报告,也是一次教学实践行动。刚开始尝试时,我们写得不尽如人意,但现在改善尤多。我们一直在彼此帮助、相互改进。想必此刻手捧此书的你也在做同样的事。合作使我们成为更好的作者、教师、研究人员和各类专业人士,但并非所有合作都能对特定时期内完成特定任务发挥较好的作用。

希望本书能够向读者展现我们在实践中发现的非同凡响的合作实践，带领读者探寻与以往不同的合作可能性。我们也希望本书能帮助您深入了解不同合作方式的设计元素。我们将深入挖掘与这些合作设计有关的文化、网络和系统要素，以便您在日后思考如何将合作实践从一个地方迁移到另一个地方时，能够敏锐地觉察并利用好这些要素。最后，通过呈现一系列鼓舞人心的合作实践，我们同样希望您与周围的同事开展有效合作，为所有学生的成长与发展携手努力。

安迪·哈格里夫斯

波士顿学院

2017 年 12 月

致　谢

Acknowledgments

　　本研究的顺利开展并最终出版成书，得益于很多人的帮助。首先，感谢卡塔尔基金会（the Qatar Foundation），该基金会在全球范围内募集资金，为支持原创性学术研究做出努力。这些原创性学术研究正是本书的基础。其次，感谢参与本书研究的五所学校及合作网络中的教师、学生、校长和区域教育系统的领导者。他们对研究的积极响应，以及以开放的态度欢迎我们开展实地参与式观察等，均体现出本书所述的合作专业主义精神。

　　感谢以下机构及专家与我们分享专业知识和研究网络，为我们顺利进入各研究点提供慷慨支持，他们包括：中国香港大学教育学院及来自中国香港的刘彭博士，美国西北太平洋的达内特·帕斯利（Danette Parsley）和西北教育公司（Education Northwest），波士顿学院的胡安·克里斯托瓦尔·加西亚-维多布罗（Juan Cristóbal Garcia-Huidobro）和哥伦比亚的维奇·科尔波特（Vicky Colbert）、劳拉·维加（Laura Vega）及新式学校网络（Escuela Nueva），挪威的英威·林德维格（Yngve Lindvig）和安德斯·鲁德·福斯内斯（Anders Ruud Fosnaes），以及来自加拿大安大略省的波士顿学院前博士生马特·韦尔奇(Matt Welch)和在读博士生沙内·旺吉亚(Shaneé Wangia)。

本书开篇的一些观点已发表在学术论文中。感谢埃默拉尔德出版社(Emerald Publishing)允许我们将该文部分内容收录于本书中。参考文献中收录该文如下:

Hargreaves, A., & O'Connor, M. T. (2017). Cultures of Professional Collaboration: Their Origins and Opponents. *Journal of Professional Capital and Community*, 2(2), 74 - 85. https://doi.org/10.1108/JPCC-02-2017-0004.

我们对有效的合作网络发展原则的首次探索发表在《皮博迪教育杂志》(*Peabody Journal of Education*)上。这是一篇合著论文。参考文献中收录该文如下:

Hargreaves, A., Parsley, D., & Cox, E. (2015). Designing and Launching Rural School Improvement Networks: Aspirations and Actualities. *Peabody Journal of Education*, 90(2), 306 - 321. https://doi.org/10.1080/0161956X.2015.1022391.

最后,我们还要感谢两位 WISE 的审稿专家——阿曼达·达特诺(Amanda Datnow)和安·利伯曼(Ann Lieberman);感谢来自 WISE 基金会的穆罕默德·萨勒曼·本·穆罕默德·海尔(Muhammad Salman Bin Mohamed Khair)、阿斯玛·阿尔法达拉(Asmaa Alfadala)和其他同事给予的大力支持;感谢德西瑞·巴特利特(Desirée Bartlett)、阿尼斯·布尔维科夫斯(Arnis Burvikovs)的编辑支持和科温(Corwin)出版社的编辑团队为本书出版所做的努力。正是由于以上诸位同仁的帮助,本书才得以远超预期地顺利出版。

目 录

Contents

第一部分

合作专业主义的设计与发展

第一章
合作专业主义的案例

一、从专业合作到合作专业主义

对创新和改进来说,合作成为一种新的共鸣。经济合作与发展组织(OECD)大力推进合作,许多教师工会支持合作,越来越多的政府也注意到合作的重要性。总的来说,专业合作有助于学生学习和教师发展的证据几乎无可辩驳。专业合作提升了学生的学习成绩,提高了教师的留任率,促进了学校变革和创新。这里的主要问题不再是教师是否应该合作。**如果社会成员间缺乏分享,相关专业领域及其受益对象如客户、患者或学生等的知识无法流动和转化,那么任何职业都难以有效地为他人服务**。更确切地说,最大的问题是教师及其他教育者如何合作以及如何高效合作。不是所有合作都是合意或有效的,也不是所有合作都有助于合作者解决实际问题,处理手头任务。

合作专业主义是一种更深层次、更严谨的专业合作形式。专业合作是指人们在一个职业中如何协作。这种合作可能以某种方式进行,或强或弱,或有效或无效。合作专业主义是关于人们如何更专业地合作,以及如何以更具合作性的方式探讨专业工作。

专业合作是描述性的表述——它描述了同行之间如何一起工作。合作专业主义是规范性的表述——它指向专业人士携手合力,共同创造更为卓越的专业实践的目标或愿景。

合作的专业面向指的是具有良好判断力,致力于改进、分享和深化专业知识,与专业服务对象保持合适距离的状态。专业主义的合作面向是指专业同行之间一起开展有效的工作,而不仅仅是一起交谈、分享和反思。合作专业主义的定义可概括为:

> 合作专业主义是关于教师和其他教育工作者如何将一起教学和学习转化为与其学生一起发展有意义、有目标、富有成就感的生命。它以循证而非数据驱动的方式组织,包含严密的规划,深入而针砭时弊的对话,坦率而富建设性的反馈以及持续的合作探究。合作专业主义的工作根植于学校文化和校园生活;其间,教育工作者作为专业成员相互关心、彼此团结;他们共同开展富有挑战性的工作,倾听和包容来自学生、教育者自身、共同体和社会的多元需求,积极投入到专业的合作中。

本书将通过描绘全球五个不同地区(中国香港、美国、哥伦比亚、挪威和加拿大)精心设计的专业合作案例,展现合作专业主义的图景。这些案例成为我们设计合作专业主义十项原则的证据支持。我们还提炼了与合作专业主义的存在和发展息息相关的四个文化情境性因素(即4B)。对未来在其他学校或教育系统中开展和实施专业合作而言,以上这些因素不容忽视。

二、设计合作专业主义

如何深思熟虑地在不同学校、专业组织和教育系统中设计教师合作方式? 针对这个问题,我们探寻了全球不同地区广为人知的教师合作设计。我们选择了来自四个洲不同地区的专业合作案例，确保研究在不同教育系统和文化情境中的代表性。我们根据不同维度（即各学校的做事方式）——包括课程、教学、评价、学校及其组织、学校与社会的关系等——选择不同的专业合作案例。

此外，这些案例中的合作须有三个或三个以上的教育者（团体）参与。他们作为特定学校内外的专业人士参与到合作中。我们还将研究聚焦于教育专业人员之间的合作，而不是与企业或大学建立的伙伴合作。

在先期探访了七个地区之后，我们最终选择其中五个合作系统展开研究。这五个合作系统至少运行了四年，展现出成熟的发展态势。

- 公开课/课例研究（lesson study）：中国香港一所初中；
- 合作备课网络：美国西北太平洋地区一个农村学校网络；
- 合作学习和工作：挪威一所小学；
- 合作教学变革：哥伦比亚农村地区2.5万所学校参与的新式学校网络（Escuela Nueva）；
- 专业学习共同体：加拿大安大略省为原住民和其他学生服务的偏远学区。

合作专业主义的十项原则

案例研究分析提炼的十项原则将合作专业主义（collaborative professionalism）与早期版本的专业合作（professional collaboration）明确区分开来。

1. 集体自主性（collective autonomy）。教育者独立于自上而下的行政权威，但较少彼此孤立。他们被赋予或享有集体权威。

2. 集体效能(collective efficacy)。这种信念意味着,无论发生什么,只要在一起工作,我们就可以改变我们的学生。

3. 合作探究(collaborative inquiry)。教师们经常一起探讨问题、争议或不同实践之间的差异,以改进或变革自身实际工作。合作探究根植于教师教学的日常工作。在一头扎进问题解决,一股脑儿地解决问题之前,教师们先针对问题本身展开探究。

4. 集体责任(collective responsibility)。教师有互相帮助、共同育人的集体责任。集体责任是关于"我们的"学生而不是"我的"学生的责任。

5. 集体能动性(collective initiative)。在合作专业主义中,个体的能动性较弱,集体的能动性较强。教师向前迈进,教育系统给予支持。合作专业主义是由强大的个体组成的共同体,共同体成员彼此帮助、互助学习。

6. 相互对话(mutual dialogue)。教育者彼此间展开艰难的对话有时是必要的,也应被鼓励。反馈是诚实的。真正的对话源自教育者对涉及教育观念、课程材料或学生挑战性行为等相关问题的有价值的意见分歧。争议者通常会受到合作行动策略的保护,这确保在出现分歧之前给予有争议的各方倾听和澄清的机会。

7. 共同工作(joint work)。共同工作的表现形式众多,包括团队教学、集体备课、合作行动研究、结构化反馈、同行评审及学生作业实例讨论等。共同工作包含一系列行动,有时也涉及产品或人工制品(如一节课、一门课程或一份反馈报告等),而且通常有相应的结构性框架、合作工具和行动规则(protocols)给予支持。

8. 共同的目标与愿景(common meaning and purpose)。合作专业主义倡导、传递和推进一个共同的教育目标,这个目标超越学生的考试及学业成绩本身。它致力于实现教育真正的目的,即鼓励青年茁壮成长,找到对自己和社会有意义的工作,并以此为生,全面发展。

9. **与学生合作**(collaborating with students)。在最深层的合作专业主义中,学生积极参与合作,与教师共同推进教育变革。

10. **为人类共同发展而努力的大局观**(big picture thinking for all)。在合作专业主义中,每个人都胸怀大局观。所有人都关心全局,与之共生,协同创造。

三、合作专业主义的文化情境

每当一种新的方法、实践或行动计划出现在教育中,通常都会呈现一种趋势,即传播得太快太广;与此同时,对如何提升特定模式或设计的有效性,相关探讨较为缺乏。当我们考虑合作设计在其他地方的适应性问题时,合作专业主义中的4B可以帮助我们理解并激活合作开展的文化情境,无论在合作开展前、合作成功后,还是在有关合作开展的各方面要素中。

- 在合作模式生成之前需要准备什么?
- 在学校内及整个社会独特的文化情境中,还存在哪些其他类型的合作?
- 这样的合作设计超越具体学校情境,延伸至海外学校之间的合作、国际研究中的合作、在线互动或其他方式的合作,其合作观念与行动之间的关联是什么?
- 除特定合作设计需要考虑政府资助、时间分配及专业网络创设等外,教育系统还可以提供哪些支持?

四、走向合作专业主义

学校和教育系统对如何从个体主义文化转向合作文化已有较深入的了解，但经常以错误的方式推动错误的合作。 在合作专业主义中，我们希望以高度信任、支持和团结的关系来推进更为深入的合作。我们希望呈现专业主义更为丰富的面向，包含更好的数据和专业判断、更坦诚而尊重的专业对话、更周到的反馈，相互之间承担更多的集体责任，更勇敢地参与到实现宏观教育愿景的过程中，从而让年轻人成为更好的自己，进而成为未来美好社会生活的缔造者。

五、启动

在最后一章，我们探讨了教育工作者、领导者和政策制定者具体应做些什么，为实现合作专业主义，哪些可为，哪些不可为，以及哪些工作现在就应该着手。

我们建议教育工作者：

- 不再以牺牲更广泛的合作探究为代价而一味地向数据投资；
- 避免未经调整地直接照搬他国文化背景下的合作方案和设计；
- 减少教师岗位的频繁流动，这将破坏教育环境中的文化凝聚力；
- 将合作专业主义的复杂性从开会交流推进至更深层次的讨论、反馈和探究中；
- 持续向所在社区内外同行征求批评意见与反馈；

- 让学生与教师一起成为变革的推动者；

- 谨慎确定数字技术对不同情境中合作专业主义的积极影响，从而让数字技术更好地促进合作专业主义的构建；

- 在学校和教育系统中，特别是在更广泛的竞争环境中，开展合作。

在过去四分之一个世纪，教学工作为建立更有意义的专业合作做出了巨大贡献。现在，是时候将教学发展成为合作专业主义了。这是一种扎根于探究、适时反馈且持续聚焦一个有意义的议题的合作。你是一个善于合作的专业人士吗？准备好迎接这一挑战了吗？

第二章
走向合作专业主义

一、发展合作专业主义

"人多力量大。"

"两人分担，困难减半。"

"没有人是一座孤岛。"

很多俗语印证了团队合作的价值。当然，其中不乏意见相左的说法，例如：

"亲力亲为，大包大揽。"

"人多反误事。"

"祸不单行。"

合作、共同体和团队有很多益处，譬如效率高，效果好，道德上给予人慰藉，行动上积极性高，勇于变革，忠于职守，观点多元，面对挫折坚韧不拔。推崇合作的文化对组织发展来说有长期效应，往往不受一两位成员短期离任的影响。但是，合作也可能导致集体盲思，规避个人责任，压制批评意见。团队成了权威意志的工具。共同体也可能操控个人意志，导致幽闭恐惧症。无论如何，没人愿意天天开会！

当前在教育领域，合作的积极潜力日渐凸显。对早已因过度问责而丧失士气的行业而言，合作是一种重建行业内职业认同感和提升职业吸引力的有效途径。当然，合作也使一些复杂的学习目标有可能实现,譬如创造力和批判性思维能力的培养等。这与简单的考试分数提升有所不同。前者无法通过照方抓药或循规蹈矩来达成。合作本质上是激发规模化的集体努力的一种路径,借此改变学校和社区,最终实现更大范围的平等与包容。而当下,我们就生活在这样一个万事万物日益走向融合的时代。

在这种背景下,我们要深入了解教育者可能开展的合作及实际开展的合作的不同路径和方式,了解这些不同路径和方式的有效性,以及采用这些路径和方式的目的及文化适用性。这些深入了解使教学作为一项专业工作更富于合作性和专业性,从而尽可能多地惠及所有学生的学习,并对未来社会的整体发展产生积极影响。

在本书中,您将遇见这样一群教师,他们指导学生进入合作学习,并在指导和示范如何合作的过程中建立起彼此间的合作关系。您还将看到一些教师不仅接受而且希望并鼓励同事进入自己的课堂,为自己的教学实践提供反馈和批评意见。您也会遇到另一群来自美国乡村的教师,他们虽然相隔千里,却能深入开展合作,共同探寻学生合作学习的秘密。您将体验到教师如何从校长手中接手专业学习共同体的运作。您将了解到历经数十年的毒品战争后,拉丁美洲成千上万的教师是如何与其学生携起手来,共同建立和平与民主的社会生活的。

总而言之,这是一本有关教师合作的书,但绝不仅是讨论教师之间如何交流、分享和学习,教师的相互分享需要时间保障以及如何为这类分享提供外部支持等陈词滥调。本书也不涉及如何组建教师团队,通过几星期甚至一年的数据分析来解决精心设定的问题。本书讲述的是艰苦卓绝的合作工作，在一些具有较好教学文化传统的地方，这样的合作比比皆是。这类合作通过有意义、有目标的教与学，最终将学生学习与发展的日常问题与社会变革的重大问题联系起来。

"合作专业主义"这一概念是两大思想或思潮（专业工作和普通劳动）看似矛盾的结合体。从历史角度看，专业以其自主性被定义；与之相对，工会（labor union）则是以其团结被定义。长久以来，教师究竟是专业人士还是普通劳动者，始终是教育领域尤其是教师研究中争论不休的话题。[①] 合作专业主义的要义在于，合作的面向不仅包括为了捍卫教师薪酬、争取较好的工作环境（尽管这些也很重要）所付出的努力，还包括为来自各学校、区域或国家的所有学生的发展而努力工作所凝聚的集体力量。

合作专业主义的定义最初出现在加拿大安大略省。在那里，我们研究团队中的人还担任安大略省省长凯瑟琳·韦恩（Kathleen Wynne）的教育顾问。2014 年，安大略省政府制定了新一轮教育改革的目标，其中包括追求广泛意义上的卓越、更大范围内的平等与包容以及提升受教育学生的福祉。[②] 这些新的目标优先级无疑对教师及其他专业人员的集体凝聚力提出了更高的期望。在小学，对数学教学信心不足的教师需要与这方面更擅长的教师密切合作。课堂上，教师还需要与特殊教育的同行一起工作。为应对影

---

① 关于这个问题的经典文章是 Ginsburg, M., Meyenn, R., & Miller, H. (1980). Teachers' Conceptions of Professionalism and Trades Unionism: An Ideological Analysis. In P. Woods (Ed.), *Teacher Strategies* (pp. 178-212). London, UK: Croom Helm.

② Ontario Ministry of Education. (2014). *Achieving Excellence*. Retrieved from http://www.edu.gov.on.ca/eng/about/great.html.

响儿童福祉的潜在风险，教师还应与心理健康领域的专业人士通力合作。我们的教育系统正逐渐走出紧缩时期的阴影，重建系统中各合作者的合作关系。

为应对上述变化，当地教育主管部门及其合作伙伴提出："合作专业主义的愿景旨在提升学生的学业成就及幸福感。"①这一愿景中的"合作专业主义"被界定为：

> 所有层级的专业工作者协同工作，共享知识、技能和经验，促进学生的学业成就，提升学生和教职工的幸福感……合作专业主义珍视所有人的声音，展现责任共担，意在为所有人提供公平的学习机会。所有教职员工都珍视并肩负着共同的责任，为构建合作学习文化做出贡献。②

起初，并非人人都对合作专业主义的行动策略感到满意。管理者担心自己失去权威。教师担心这不过是校长忽悠教师在其认为重要的事情上投入精力，而这些投入往往可能违背教师自身的意愿。只有通过大量的讨论，建立信任，才能消除人们在构建合作专业主义过程中感知到的大部分恐惧和忧虑。

合作专业主义的观点和行动策略得到安大略省教育界思想领袖的支持。卡罗尔·坎贝尔（Carol Campbell）认为，复杂的学习成果需要"一个由正式和非正式领导者和学习者共同组成的生态系

---

① 引自 Section C. 2.5 of the Teacher/Occasional Teacher Central Agreement between the Ontario Government and the Elementary Teachers' Federation of Ontario, May 2015.

② Ontario Ministry of Education. (2016). *Collaborative Professionalism* (*Policy/ Program Memorandum No. 159*). Toronto, Ontario: Author.

统……(他们)具备共同学习的能力,彼此共享知识,开展去私有化实践,持续创新并共同推进专业知识、技能及实践的不断进步"。[1]如林恩·莎拉特(Lynn Sharratt)所述,合作专业主义意味着学校领导者需要与教师及其他利益相关者建立起真正的共同愿景。[2]

迈克尔·富兰和安迪·哈格里夫斯认为,合作专业主义是贯穿学校及整个教育系统的一种文化,而不仅是持续不断开会或开展各类任务驱动的团队活动。它旨在"用过程性反馈来驱动质量提升"[3],为更广泛意义的社会改进做出贡献。在合作专业主义中,"人人皆应参与,没有例外"。这是一段美好的时光,其间既有乐趣,又能够产生实实在在的影响。合作需要投入很多的时间和精力。在充满合作文化的环境中,个人价值是集体价值的一部分,多样性和分歧依旧存在。教师对学生的影响不单出于个人责任,还包括与他人协同,形成集体责任,进而影响学生。学校教育不再只关乎"我的"学生,更关乎"我们的"学生。合作专业主义当然离不开共享、交谈、信任、共同创造和学习,但它同样珍视挑战、批判、接纳、赋权和争辩。

合作专业主义事关以专业的方式开展良好的合作。这项美好的事业尽管道路艰难,却充满乐趣,其价值不容小视。对每位参与其中的合作者而言,合作专业主义使教学更加有趣,投入感提升。这本书正是通过呈现五个全球案例来探讨有关合作专业主义各个面向的问题。

---

① Campbell, C. (2016). Collaborative Professionalism: Of, by and for Catholic School Leaders. *Principal Connections*, 20(1), 6 - 7.

② Sharratt, L. (2016). Setting the Table for Collaborative Professionalism. *Principal Connections*, 20(1), 34 - 37.

③ Fullan, M., & Hargreaves, A. (2016). *Bringing the Profession Back in: Call to Action*. Oxford, OH: Learning Forward. Retrieved from https://learningforward. org/docs/default-source/pdf/bringing-the-profession-back-in.pdf.

二、合作的设计

今天，可见的专业合作有强有弱，有自然发生的，有人为硬造的。由于合作在质量和影响力上具有不稳定性，即便总体上其影响是积极的，但对专业合作而言，外部批评导致的合作的脆弱性仍然较强。因而，是时候消除专业合作中的不良变量，将高度可变的专业合作推向稳定的、高质量的合作专业主义了。

那么，紧随其后的一个重要问题是：何为最佳的合作方式？有哪些合作设计形式？教育工作者该如何从中取舍？除了良好的设计与行动规划，学校还需要什么？合作将如何与更广泛的共同体文化相融？什么是最好的合作设计？合作的下一步走向何方？

这些正是后面各章的重点。我们将聚焦不同学校和教育系统中五种合作的设计。我们将看到在特点迥异的文化情境中合作专业主义如何体现。需要说明的是，尽管所处语境不同，但我们尝试从所有合作设计中提炼出极富启发和影响力的合作原则与体系。

教师之间究竟如何开展合作？学校、专业组织和教育系统如何有意识地设计便于教师开展合作的工作方式？面对教育系统提出的要求，或在专业发展工作坊中遇到问题时，除了从已有工作方式清单中选择外，学校该如何在坚持某些特定原则的基础上做出自己的选择与设计？

英国教育理论家巴兹尔·伯恩斯坦（Basil Bernstein）认为，在学校中，正式教育的知识通过三个信息系统传递。正是这些系统承载了学生需要学习的重要内容。[1] 它们是：

---

① Bernstein, B. (1971). On the Classification and Framing of Educational Knowledge. In M. F. D. Young (Ed.), *Knowledge and Control* (pp. 47 - 69; p. 47). London, UK: Collier-MacMillan.

- **课程**——定义了什么知识是有价值的；
- **教学**——定义了什么是有效传递知识的途径；
- **评价**——定义了知识传授在何种程度上得以实现。

对实践中的合作进行分类的方式之一是看合作关注的重点与上述三个系统之间的关系。若合作专注于课程，则参与者可采取集体备课或评课的合作方式。若合作专注于教学法或教育改革，那么参与者可能更愿意围绕文化回应式教学形式或合作学习策略（仅作举例）展开合作。若更重视评价，则合作体现为召集教师一起进行学生学业成绩的赋分和评价，或参加学校和学区的教学质量评估工作，又或者是共同制定和审阅学生的表现性评价档案袋等。

上述划分并不是绝对的。例如对写作课教师而言，合作网络往往解决课程和教学的问题。[①] 课例研究虽然主要关注教学法，但教师们在开展课例研究的过程中，同样需要审阅课程手册及其他学习材料。但无论如何，认识到合作的主要关注点与教育系统中三个主要信息系统之间可能的对应关系，无疑是思考合作究竟从何处入手或去往何处的一种行之有效的路径。

此外，至少还有两个重要的信息系统需要考虑。一个是整个学校的组织架构和发展方向。[②] 让教职员工参与学校发展愿景构建就是一个例子。事实上，学校协助伙伴校提升办学成效的做法也

---

① Lieberman, A., & Wood, D. (2002). The National Writing Project. *Educational Leadership*, 59(6), 40-43.

② Bernstein, B. (1990). *The Structuring of Pedagogic Discourse*, Volume IV: *Class, Codes and Control*. London, UK: Routledge.

与这个信息系统有关。另一个信息系统是整个社会的发展及其为学生学习所做的贡献等。①

综合考虑上述因素，我们初步列出本书详述的五个案例的框架图（见图 2.1）。这五个案例是合作专业主义的实践示例。

- 公开课/课例研究：中国香港一所初中，建立 20 人一组的合作网络，以公开课为抓手设计和开发自己的课例研究。
- 合作备课网络：由美国西北太平洋沿岸四个州 27 个学区的教师组成的专业合作网络，成立已有四年，至今仍在不断拓展。该网络通过一种"工作任务式小组合作"（Job-alike

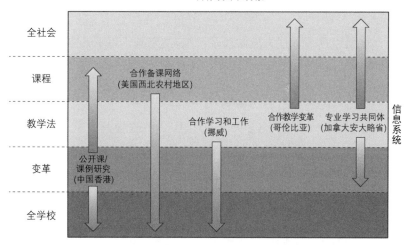

图 2.1　五个合作专业主义案例的合作设计、情境和信息系统

　　①　Hargreaves, A., & Ainscow, M. (2015). The Top and Bottom of Leadership and Change. *Phi Delta Kappan*, 97 (3), 42 - 48; Hargreaves, A., & Shirley, D. (2012). *The Global Fourth Way: The Quest for 50 Educational Excellence*. Thousand Oaks, CA: Corwin; Munby, S., & Fullan, M. (2016). Inside-out and Downside-up: How Leading from the Middle Has the Power to Transform Education Systems. *Education Development Trust*. Retrieved from https://michaelfullan. ca/wpcontent/uploads/2016/02/Global-Dialogue-Thinkpiece.pdf.

Groups)将教师组织起来,共同开展基于课程单元的集体备课工作。

- 合作学习和工作:在挪威南部的一所学校,教师和学生采用合作的方式开展学习和工作。
- 合作教学变革:新式学校网络是由 2.5 万所学校组成的教育合作网络,该网络通过开展基于学生合作和变革式教学的教师合作,促进了哥伦比亚农村地区的和平、福祉和民主。
- 专业学习共同体:加拿大安大略省最偏远的一个学区,学生大部分为原住民子女。该项目意在构建教师主导的专业学习共同体。

之所以选择上述五所学校及系统,主要基于以下几点考虑:

1. 图中的分布。图中的箭头显示随着时间的推移,每个合作案例的关注点是如何变化发展的。

2. 选取来自四个洲多元文化和社会系统中具有代表性的案例。案例选取不限于单一的文化情境,降低了将合作设计经验推广到其他学校、文化或社会系统过程中的迁移难度。

3. 与更广泛的系统(如网络、地区或政府的政策框架)建立联系。这些联系让我们得以了解更广泛的教育系统是如何为学校内的合作提供支持的。

4. 合作至少发展并持续四年。这样的合作实践更为成熟,消退的可能性较小。

5. 符合我们对合作专业主义的最新认识。我们有意不选某些独立运作的合作设计项目(如数据团队),原因在于我们认为只有当教师将数据分析作为更广泛的合作探究、专业诠释及专业决策的一部分时,数据分析本身才能发挥最佳效果。[①]

　　接下来在本书中引介的这些例子不是教师们谈论或回顾他们经历的合作,而是他们彼此间正在发生的合作。我们将看到教师们实实在在地进行着合作,无论是在发达国家和地区还是欠发达国家和地区,不论是在城市还是偏远的村庄小镇。我们也将了解到这些合作产生之前经历过什么,随着时间的推移,合作是如何被有意识地设计、迭代并一步步走到今天的;我们还将看到合作是如何超越对谈、统计、开会或组建团队等形式,成为学校生活的一部分,从而生生不息的。现在,是时候行动起来,走进合作专业主义了!

---

　　① Datnow, A., & Park, V. (2014). *Data-driven Leadership*. San Francisco, CA: Jossey-Bass; Hargreaves, A., & Braun, H. (2013, October 22). Six Principles for Using Data to Hold People Accountable. *Washington Post*. Retrieved from http://www. washingtonpost. com/blogs/answer-sheet/wp/2013/10/22/six-principles-for-using-data-to-hold-people-accountable/; Hubers, M. D., Poortman, C. L., Schildkamp, K., Pieters, J. M., & Handelzalts, A. (2016). Opening the Black Box: Knowledge Creation in Data Teams. *Journal of Professional Capital and Community*, 1(1), 41 - 68.

第三章
中国香港的公开课和课例研究

为什么很多教师喜欢独自授课？通常的解释是教师们不愿被他人指手画脚。[①] 教师们时常对自己所做之事缺乏信心,他们甚至常常自我怀疑。事实上,教学工作极其复杂,偶尔一次课堂观察并不能发掘其中深意。向同事开放自己的课堂,若遇到学生表现不好或教学计划出错,授课教师会手足无措甚至自责。[②]

若你所在学校系统的工作绩效是由从不踏入课堂的校长说了算的,那么这类教学反馈往往苛刻且具有干涉性。即便校长给出的一些不痛不痒的评价让教师心里感觉舒服一些,但在很多学校,氛围依旧是焦虑的,对教学改善无益。尽管如此,约翰·哈蒂(John Hattie)的研究指出,有效的教学反馈对学生学习影响的效应值(effect size)最大。[③] 这凸显了教学反馈对改善教与学的重要性。值得注意的是,教师们并不欢迎那些临时起意、缺乏事实依据和有失公允的反馈。那么,解决这个问题的方法是什么呢?

在亚洲,有一种被称为课例研究或学习研究的项目。在中国

---

① DuFour, R., & Eaker, R. (1998). Professional Learning Communities at Work: Best Practices for Enhancing Student Achievement. Alexandria, VA: Association for Supervision and Curriculum Development; Lortie, D. (1975). *Schoolteacher*. Chicago, IL: University of Chicago Press.

② Rosenholtz, S. J. (1989). *Teacher's Workplace: The Social Organization of Schools*. New York, NY: Longman.

③ Hattie, J. (2012). *Visible Learning for Teachers: Maximizing Impact on Learning*. Oxford, UK: Routledge.

香港的郊区（靠近深圳），拥有 700 多名学生的粉岭救恩书院
（Fanling Kau Yan College，以下简称"粉岭学校"）的教师们将这一
项目称为公开课（open class）。

一、公开课教学

欢迎来到艾丽斯（Iris）在粉岭学校的八年级英语课堂。这
是一所基督教基金会和政府资助的学校（government-subsidized
schools）。正如邱（Veronica Yau）校长所述，这里的许多学生来自
周围社区，有许多经济困难家庭的学生和不少从未乘坐公共交通
去过 40 分钟路程外的香港市中心的孩子。[①] 这是一所成功的学
校——其排名位于香港前 20%，近年来该校生源情况（以入校学生
的英文水平为基准）有大幅度改善；也有不少中国内地（如深圳）学
生每日出入香港，来这所学校上学。

学校的建筑设施并无特别之处。和许多香港学校一样，该校
建在狭小的城市空间，整个学校的主楼蜿蜒向上，共有七层。这一
建筑设计象征了该校蒸蒸日上的发展态势。学校教师非常努力、
敬业，每天都工作到晚上 7 点后才离开学校。在艾丽斯的课上，所
有的努力和付出都得以展现。

艾丽斯正在教学生如何给专业人员——一位校内的社会工作
者——写一封有关青少年问题的电子邮件。这是香港英语课程的
必修部分。艾丽斯的班上有 30 多名学生，该课由几个策划好的活
动有序组成，教师授课进度惊人。近年来，这所学校的主要关注点

---

① 本节以下所有引用均来自 2017 年 2 月参访该校的观察和访谈记录。

是培养学生的自主学习能力。正如教师们所说："学生成绩不好不是因为不想学，而是因为他们不知道如何学。"达成这一目标不仅需要深思熟虑的课程架构支持，还需要高水平的教师教学技能。

基于巴里·齐默尔曼（Barry Zimmerman）和戴尔·顺克（Dale Schunck）的研究[①]，在粉岭学校，自主学习意味着学生对他们的学习承担个人责任和集体责任，进行自我反思和相互反馈，并在学习过程中实时调整和监控自身的学习状况。五年前，自主学习被引入该校初中一年级，取代了传统的三段式授课模式（即导入—陈述—拓展与总结）。学生学习由八个步骤或过程组成。学生必须在这些步骤或过程中展示他们所学的东西。每节课时长约 50 分钟！这八个步骤如专栏 3.1[②]所示。

专栏 3.1　粉岭学校学生自主学习的八个步骤

1. 陈述和分享学习目标。

2. 教师引领学生学习。

3. 同伴或小组讨论。

4. 在小黑板上展现学习成果。

5. 小组内部展示成果或班级汇报。

6. 教师和同伴点评。

7. 用工作表、练习题或 iBoard（数字白板）测试所学内容。

8. 课堂总结。

[①]　Zimmerman, B. J., & Schunck, D. H. (Eds.). (2001). *Self-regulated Learning and Academic Achievement: Theoretical Perspectives*. Oxford, UK: Routledge.

[②]　摘自粉岭学校关于公开课活动介绍的 PPT。

这是一堂将教师引导、学生自学、同伴互助和全班分享有机结合的课。

艾丽斯的课堂是什么样的？课堂伊始，艾丽斯明确列出了授课目标，即写一封结构规整、表述正式、具有一定影响力、能带给读者与众不同感受的电子邮件。而后，艾丽斯先让学生各自书写电子邮件，并进行同伴反馈。该邮件关注的是一个对世界各地青少年来说都比较常见的问题：痤疮带来的令人尴尬的身体形象体验如何影响青少年的自我意识？艾丽斯在数字白板上列出问题，并展示了一些学生平日如何在咨询人员面前表达这些积极和消极体验的例子。在帮助学生了解学习目标及学习活动之后，艾丽斯让学生们迅速配对，就平日的所见所闻展开讨论，并总结出他们在青春期担心的问题。讨论时若遇到问题，他们会通过查阅相关工作手册寻找答案。配对的时间很短——只有 20 秒！但学生之间的互动很投入，也很聚焦。然后，艾丽斯与全体学生进行师生互动。部分学生踊跃举手，嘴里说着"让我试一试，让我试一试"。这是师生问答环节学生们的普遍表现。这之后，他们还要进行一次简短的分享，这个环节不允许翻阅手册，每位学生分享 1 分钟。

学生们很快按照预先的安排组成混合能力小组，每个组都有数字或字母代码。他们在 iBoard（可以在团队中使用的数字白板）上写电子邮件，陈述有关小组成员经历过的一个关于青少年自我意识的常见问题（如谩骂或情绪波动）。

接下来，他们把 iBoard 挂在教室前面的挂钩上，每位同学都能看到 iBoard 显示屏。艾丽斯请两位跃跃欲试的小组长向全班同学介绍他们小组讨论的内容。学生们发表自己的看法，班级中展开互动。艾里斯在电子白板上进行总结，归纳出一封正式的电子邮件的写作特点。本节课结束。

整节课飞快地过去了，看起来像一场精心组织的学习活动。这是美国式合作学习和一系列学习指导法相融合的具体展现。所有这些都在教师指导下发生。教师在课堂上拥有绝对权威，这使得学生不易在学习过程中分心走神。这点令人印象深刻。然而，真正了不起的是，艾丽斯能够在十几位听众面前开展如此复杂的教学活动！

二、公开课的反馈

每年，在两个时间段，粉岭学校将大约一半的课程开放给外部访客——多达 100 名访客甚至更多。该校将这一活动称为"公开课"。在艾丽斯上"如何写一封正式的电子邮件"的公开课的同一天，另外 27 位教师的课堂也向香港各校校长及教师开放。对任何一位上课的教师来说，公开课都会让人压力陡增——面对一群而非一两位听课者开展结构复杂而严密的课堂教学，随时都可能偏离轨道。不仅如此，下课后，学生们离开教室，教师们还要参与课后研讨，邀请听课的专家一起为上课的教师提供教学反馈。

有些反馈是对教师教学的肯定与赞赏：如目标和结构非常清晰，开展了许多同伴合作学习活动等。也有不少毫不含糊的批评意见：为何教师总让某几位学生回答问题？上课节奏对部分学生来说是不是太快了？假设有学生跟不上，刚开始上课就落后，怎么办？如此，教师会怎么做？这节节奏轻快的课上，教师是否要静下来，了解学生们究竟学到了什么？那个害羞的学生在向全班同学展示小组 iBoard 时，声音小得几乎听不到，这种情况应该怎么处理?

所有教师都要承受住这么多的批评意见,尤其是在公开场合。该校的一些教师对自己在职业生涯早期被公开点评的感受都记忆犹新。有教师表示,当自己还是新手时,"对来自同行的反馈感到非常不安"。然而,学校为公开课设置了具体的操作步骤,缓解了教师的担心和脆弱感,同时提高了本校教师及前来听课的专业同行开展专业学习的质量。

首先,邱校长在公开课开始前向所有来听课的专业同行明确了公开课活动的意义。之后,资深学科带头人马科尔(Marco)用PPT向前来观摩英语课的同行介绍公开课的程序。他提出公开课的三个目的,即通过反思观察促进专业成长,共同改进学习和教学,以及通过公开课的集体智慧提升学生在课堂上的自主学习水平。他还提出了五个基本原则和专业反馈建议,指导前来听课的同行进行公开课观察及反馈(见专栏3.2)。

专栏 3.2 粉岭学校公开课听课和评课的五个基本原则和建设性反馈建议

- 互相尊重;
- 平等参与;
- 关注学生自主学习;
- 理解学校环境特征和教师的局限;
- 真诚地分享观点和建议。

听课、评课原则和行动策略可以避免前来听课、评课的教师对教学优劣做出模糊的、一般性的判断或针对教师个人做出评判。

事实上，评课观点通常是多元的。反馈既不能生硬尖锐，也不能平淡泛化。参访者不仅要关注教师的教学个性，还要注意教师开展教学任务的实际情况。为此，马科尔和艾丽斯两位教师精心组织开展课后教学研讨，类似进行班级研讨。他们把前来听课和评课的同行教师分成几组，有的组聚焦教学目标和学习指南或作业本，另一些组聚焦教学策略和学生参与。每个小组讨论完后，在自己的 iBoard 上写下四个主要观点。从现场情况看，前来听课的教师非常投入，他们像学生一样完成讨论，收起 iBoard，进入全组反馈。

这样的结构设计注重反馈的专业性。教师艾丽斯和马科尔对问题反馈给予了开放和真诚的回应。艾丽斯很愿意接纳同行的批评意见。她和同事也鼓励前来听课的同行给他们提意见。艾丽斯承认，当课堂上有的学生积极举手希望教师给予关注回应的时候，安静的学生很容易被教师忽略。马科尔则解释了教学如过于专注形式语法和词汇，有可能限制学生思维其他方面的发展。两位教师也对学生的实际学习情况进行了反馈，指出在下午的课前准备环节，可以让学生们通过大声朗读运用大部分新学习的生词。总之，听课、评课研讨环节，每个人都在学习。粉岭学校的教师"从听课同行的反馈分享中学习，体会到共同进步的成就感"。

三、公开课的设计

不只是公开课的程序营造了一个积极的反馈过程。事实上，这一课不止艾丽斯上了，至少，这节课不仅仅归属于艾丽斯个人。马科尔也上过这一课。该校学科组的其他几位同事也上过这一课。显然，这节课属于他们所有人。他们学科组一起创造并不断完善了这节课。他们排练预演，一周前共同回顾了早期版本的课堂。艾丽斯和学科组在公开课前一天再次准备了这节课。他们讨论了教学内容，包括选择合适的词汇，避免语法缩略情况的发生，检查PPT中的内容等。英语学科负责人格蕾丝（Grace）就不同iBoard组关心的教学感受、语言和其他问题提出了修改建议。整节课的准备成为集体共创的产物，凝结着集体的责任。这节课的成败得失归属于所有学科组教师。用邱校长的话说："人无完人。但团队让每个人做得更好。"

所有这些过程也适用于其他学科及任课教师。每位教师每年至少上一次公开课。学生家长也被邀请观摩公开课。艾丽斯上英语公开课的那天，科学课程组的负责人坎迪（Candy）上了一节关于能量转换的公开课。和英语课一样，这节课也有许多组成部分。规模相对大的班级配有两位教师，轮流引导学生开展实验。他们在本生灯上方点燃镁条，纸气球随着热空气升起；一名视力不大好的学生不小心把一辆玩具卡车推下斜坡；另一名学生把空气吹进管乐器，产生声音振动。学生和教师讨论了热能、声能、势能和动能等概念。和艾丽斯的课一样，学生们先观看教师的实验演示，而后拿出各自的iBoard（见图3.1），两人一组或多人成组，全班合作；最后各自完成作业簿上的问题填答。

与艾丽斯一样，科学课堂的公开课也不是某一位教师的事。在公开课前一天，我们加入了坎迪和其他三位科学教师的备课团队，参与集体备课。所有这些人都曾上过这一课，他们各自回顾上课经历，提出需要修改的教学内容。起初，他们谈到一些操作性的细节问题，如教室布置、时间管理和每个人的移动速度差异等。然后，他们探讨工作手册上的技术词汇和语言。由此，他们

图 3.1　学生在 iBoard 上工作

开始设想并反思学生参与这节课的体验,并深入探讨了各自对学科知识的理解。其中一个问题是:如果粒子创造了运动,那么热空气推动涡轮的说法正确吗?教师们很兴奋。作为成年人和知识分子,他们对自己学科的知识有更为深刻的理解。但他们也意识到,对学生来说,区分空气移动和能量转换是有困难的。他们的研讨转向评价,即通过这一课的学习,学生们对粒子本质的认识究竟要达到什么水平。为此,教师们决定让学生们在 iBoard 上描述其正在学习的关于能量转换的知识,以帮助他们深入理解这一知识点。

公开课的秘密在于这个过程能够让教师们共享其专业学习和教学改进的目标、过程和程序,进而实现权利共享和责任分担等。粉岭学校的教师认为,所有这些工作都对学生产生了积极影响。艾丽斯和坎迪谈到,自从实施自主学习和公开课反馈以来,学生的课堂参与增加了。学生对学校和学习的兴趣提升了。在课堂上,学生的问题行为如睡觉、捣乱或不执行任务等明显减少了。有一位教师补充道："当学生参与合作学习时，他们有了集体责任感，避免了情绪问题对其学习参与的阻碍。"

香港教育局公布的评估结果日渐改善。比如三年来，该校学生英语水平提高了 10%。然而，邱校长告诉教师们："不要担心成绩，只管改善课堂气氛。""我们这样做不是为了提高成绩，"她强调说，"否则教师们会很紧张。"邱校长及教师们相信，当教学改变，结果也会随之改变。

四、课例研究

粉岭学校的公开课设计是独特的，这也是亚洲及其他运用精细合作方式改进教与学的一贯传统。20 世纪 90 年代，在经济合作与发展组织第一次国际学生评估项目（PISA）成绩测试结果公布的前几天，日本在第三届国际数学和科学研究的国际排名中位居榜首，这在西方国家引起广泛关注。斯蒂格勒（J. Stigler）和希伯特（J. Hiebert）[①] 用"课例研究"（lesson study）来命名公开课。他们认为，在日本，课例研究，即教师观察彼此的课程，是有着一个多世纪悠久历史的传统活动。当前这一活动逐步演变成一种精细的合作方式，由校内外教师共同体共同观察、调研、检验和实施。在斯蒂格勒和希伯特的描述中，课例研究的步骤与粉岭学校公开课的步骤相似：界定和探索课堂的研究焦点，规划课堂学习，开展教学，观察教学，反思教学效果，修订教案，再次开展教学和观察，进行二次

① Stigler, J., & Hiebert, J. (1999). *The Teaching Gap*. New York, NY: Free Press.

评估和反思,分享成果等。① 说穿了,这是一堂研究课——课堂教学聚焦于合作探究、行动和改进。

加利福尼亚州米尔斯学院的凯瑟琳·刘易斯(Catherine Lewis)与一组研究人员合作,将课例研究的实践带到美国,进而扩展到数百所学校。他们认为,课例研究及在学校内部营造合作文化等对教师发展产生了积极影响。② 课例研究随后传播到新加坡等其他国家。目前,一本国际性课例研究杂志汇集了有关这一主题的广泛的学术研讨;世界课例研究协会(the World Association of Lesson Studies)也汇集了来自世界各地相关研究人员和实践者对这一研究议题的持续探讨。③

在中国香港,课例研究具体呈现为学习研究。④根据瑞典研究者费伦斯·马顿(Ference Marton)⑤、香港专家卢梦玲(Lo Mun Ling)⑥以及英国行动研究创始人之一约翰·埃利奥特(John

---

① Stigler, J., & Hiebert, J. (1999). *The Teaching Gap*. New York, NY: Free Press.

② Akita, K., & Sakamoto, A. (2015). Lesson Study and Teachers' Professional Development in Japan. In K. Wood & S. Sithamparam (Eds.), *Realising Learning: Teachers' Professional Development through Lesson and Learning Study* (pp. 25 – 40). London, UK: Sage; Arani, M. R. S., Fukaya, K., & Lassegard, J. P. (2010). "Lesson Study" as Professional Culture in Japanese Schools: An Historical Perspective on Elementary Classroom Practices. *Nichibunken Japan Review*, 171 – 200; Perry, R. R., & Lewis, C. C. (2009). What Is Successful Adaptation of Lesson Study in the U.S.? *Journal of Educational Change*, 10(4), 365 – 391.

③④⑤ Lewis, C., & Takahashi, A. (2013). Facilitating Curriculum Reforms through Lesson Study. *International Journal for Lesson and Learning Studies*, 2(3), 207 – 217; World Association of Lesson Studies. (n.d.). *About WALS*. Retrieved from http://www.walsnet.org/about-wals.html.

⑥ Lo, M. - L. (2009). The Development of the Learning Study Approach in Classroom Research in Hong Kong. *Educational Research Journal*, 24(1), 165 - 184.

Elliott)①的研究,中国香港的学习研究更聚焦学习问题(而不是行为管理等问题),采用严格的程序来研究课堂教学。

课例研究呈现出的清晰的行动规划和程序引起很多西方学者的注意。它打破了专业壁垒,支持并深化了教师听课、评课的效果。但正如刘易斯在早期的一篇论文中所警告的,不能脱离课例研究生长的文化情境来理解这些规划良好的程序和技术。② 课例研究无法或很难直接移植到西方的课堂上。她还警告说:"美国教育改革的墓地里到处都是曾经充满希望的教育创新。很多创新未经深入理解就投入一线实践,以致收效甚微。"③

刘易斯认为,日本教师的合作文化历史悠久。教师们习惯在办公室里共同研讨课程计划。他们经常在一起开展徒步旅行、体育赛事等集体活动。与美国人不同,日本人(包括教师)一般把批评反馈视为自身改进的动力。教师们相信,学生的学业改善可通过共同努力达成,教师个人的进步也可以通过集体努力来实现。刘易斯进一步指出,自我完善是日本的民族信仰。与美国的许多司法辖区不同,在日本,课例研究并不用来快速提高成绩,它更关注儿童作为一个完整个体的个性塑造。

这些思考也适用于粉岭学校。公开课本身并不能完全解释这一实践成功运行的原因。与其他合作团队(如数据团队)相似,公开课的成功运行取决于一系列情境性因素的影响。这些因素并未

① Elliott, J. (2016). Significant Themes in Developing the Theory and Practice of Lesson Study. *International Journal for Lesson and Learning Studies*, 5(4), 274-280.

② Lewis, C. (2000, April). *Lesson Study: The Core of Japanese Professional Development*. Paper presented at the American Educational Research Association Meeting, New Orleans, LA.

③ Lewis, C. (2002). Does Lesson Study Have a Future in the United States? *Nagoya Journal of Education and Human Development*, 1, 1-23.

完全在公开课的实施步骤中展现出来。

五、合作专业主义中的 4B

除了设计专业合作技术层面的因素，还有四组因素也会影响合作设计的效力，我们称之为合作专业主义中的 4B，即合作之前（Before）、合作之中（Betwixt）、超越合作（Beyond）和合作之外（Beside）（见专栏 3.3）。

专栏 3.3　合作专业主义中的 4B

合作之前：开发公开课这种合作形式之前，学校如何构建合作？

合作之中：公开课中包含哪些类型的合作？

超越合作：学校是如何将外部观点与公开课建立起有意义的
　　　　　联系的？

合作之外：公开课的政策系统是怎样的？

1. 合作之前

在拥有创新经验的学校开展教育创新将更有可能成功。合作也是如此。**如果学校拥有良好的合作氛围，那么任何一种新的合作行动策略实施起来都更容易成功，如数据团队、同行评审或课例研究。**[①]

科学科主任坎迪在粉岭学校待了 12 年。据他说，他刚到这所

---

① Datnow, A., & Park, V. (2014). *Data-driven Leadership*. New York, NY: Jossey-Bass; Wohlstetter, P., Datnow, A., & Park, V. (2008). Creating a System for Data-driven Decision-making: Applying the Principal-agent Framework. *School Effectiveness and School Improvement*, 19(3), 239−259.

学校不久,"范式转换"就出现了。起初,学生和教师之间或教师彼此之间没有太多的互动。九年前,邱校长调任,情况发生变化。邱校长鼓励教师合作,学校因此出名。

一位曾在另一所学校担任副校长的教师指出:"我过去任教的学校有三位教师同时教中国历史。他们分别授课,从不分享彼此的教学。"然而在粉岭学校,"合作是一种生活方式"。这意味着合作的性质发生了变化。格蕾丝解释道:"过往教师的合作主要是非正式的,没有特定的时间或平台。现在,合作更为聚焦,如关注学生自主学习。"马科尔认为,尽管以前在其他学校开展过合作,但粉岭学校的合作重点放在"教师如何共同学习"上。如果想了解某一类合作的可迁移性,了解这类合作的演变过程尤为重要。

2. 合作之中

粉岭学校的教师合作聚焦提升学生的自主学习能力,合作方式包括集体备课、说课(复盘)和反馈等活动。教师合作绝不可能发生在孤岛式的学校文化中。对粉岭学校的教师来说,开会要聚精会神,讨论要直中要害、一针见血。在谈到香港学校的整体情况时,马科尔表示:"在这种文化中,时间是宝贵的。每一分钟都很重要。"教师们没时间绕弯子,东拉西扯。大家没有闲谈的时间——直到吃饭或社交时,他们才放松下来,彼此了解。

邱校长和她的团队在招聘新教师时,尤为看重奉献精神、学习意愿和团队合作能力。她不断重复"用心招聘"的重要性。在粉岭学校,所有教师都参与新教师招聘,并向董事会提交他们的建议。不同于让应聘者进行模拟试讲这种不需要教师与学生之间建立联系的招聘方式,粉岭学校要求应聘者观察其他教师的课堂并进行反馈，就像参与一次公开课活动。然后，应聘者受邀写一封信给马科尔，阐述如何改进这节课。对应聘者来说，应聘环节就是了解学校、了解教学观察及其益处的过程。同时，这也让应聘者意识到，"如果他们更乐意享受或倾向于独自开展教学工作，那这所学校可能不适合他们"。

邱校长强调："单枪匹马走不远。"

学校不是在寻找遵守团体要求的新兵，而是"寻找那些主动提出新想法并愿意主动分享想法的人"。例如，杰弗里(Jeffrey)虽然是学校的一名新教师，但他经常指导其他教师使用信息技术提升教学。马科尔不仅指导新教师，也接受新教师的指导，来自新教师的反馈也帮助他提高自己的课堂管理技能。

粉岭学校的另一位教师在实习时去过三所学校。他说，在其他两所学校，"有些教师喜欢独自工作"，然而在粉岭学校，"合作是整个学校的文化。即使你是新来的，也能感受到大家的欢迎，你可以表达意见，听取想法"。如这位教师所述，在其他学校，"表达并不受欢迎"。但在粉岭学校，他知道自己的表达"会对其他教师有益"。

在粉岭学校公开课模式的课例研究中，合作文化还有另一个维度。它是宽泛意义上的文化，即一个国家和共同体范围内的独特文化。陪同我们参观粉岭学校的香港大学刘鹏博士是研究中国文化与教育的专家。在他看来，香港的教师专业关系是英国殖民文化和中国文化的集中体现。在香港，英国殖民文化关于考试与社会竞争、质量与卓越及正式的专业关系构建等一直延续至今。1997年中国对香港恢复行使主权之前，英语一直是香港学校的教学语言。直到现在，在粉岭学校，英语和科学两科仍以英语作为教学语言。

此外，中国现代文化本身十分复杂。刘博士解释说，这种文化包括但不限于儒学、共产主义及社会主义、市场经济、资本主义以及道教、佛教等一系列宗教精神；在香港——包括粉岭学校——还渗透着基督教传统。[①]

刘博士将儒学简要概括为五种美德：仁爱（培养对全人类的尊重、同理心、共情和爱）、正义（为普罗大众的福祉而努力的责任和义务）、礼仪（家庭内部、朋友之间、领导与下属之间良好的人际关系）、智慧（判断是非的能力）和诚实（思想和行为的一致性）。

除这些美德外，儒家思想中还有一些重要的观点，包括学习是社会化的重要方式；家庭、社群、公司及种族均体现了集体主义的重要性；重视和谐关系的构建，等等。尽管生活在消费主义文化和互联网环境中的年轻人正在打破这些传统，我们依旧能够看到孝道传统正逐步转化为家长式的领导模式；此外，社会中的关系和互惠网络将家庭、社交和专业关系联结在一起。

这些精神传统在个人的社会生活中自然而然地流露出来，如顺其自然、虚怀若谷、重视内省（道教）；忍辱负重、与人为善、谦虚谨慎（佛教）；诚实正直、关怀他人的行事态度（基督教）等。

在刘博士看来，粉岭学校开展的教师合作属于协调性合作。教师参与到持续学习的文化中，提出想法，相互支持，共同成长。他们重视并积极投入专业学习共同体中，努力工作，乐于奉献。他们也尊重等级关系和规则。在粉岭学校，邱校长的左边坐着马科尔，右边坐着格蕾丝（英语学科负责人），每个人都参与进来。学校为每位教师提供展示自己的机会。每个人都明白各自的责任及边界。在公开课活动中，不存在旁听或打断，没人翻看智能手机，也

---

① Liu, P. (2016). A Framework for Understanding Chinese Leadership: A Cultural Approach. *International Journal of Leadership in Education*, 1-13.

没人在笔记本上回复电子邮件。孩子们回答问题或小组合作的时候，听课教师会站立起身。每一位参访的教师和教育工作者都受到尊重。每位来访的教师都会收到礼品和感谢卡。

在中国香港和内地或东南亚文化中，如果不了解这些，就不可能了解公开课、课例研究或学习研究的本质。这并不是评判粉岭学校的合作文化与美国、英国、拉丁美洲、中东或其他社会的合作文化孰优孰劣。但这确实意味着我们必须努力工作，以确定当某个合作设计从一个社会系统迁移到另一个社会系统时需要做些什么。

3. 超越合作

如果一所学校的教师只是相互合作，那它的进步不会如此显著。美国和其他学校系统存在的问题是不鼓励甚至阻碍教育工作者到国外学习。在这个问题上，美国的表现与其薄弱校一样，认为没有可向其他人学习的地方，更何况这是花纳税人的钱去海外访问学习。这种虚假的自信和傲慢阻碍了他们持续改进。

相比之下，粉岭学校的教师不断地从其他教育工作者和研究者那里寻求灵感，获得证据，并积极开展讨论。事实上，公开课的想法最初来自东京大学佐藤学（Manabu Sato）教授——一位专注于研究学习共同体的专家。[1] 艾丽斯和坎迪提及五年前访问新加坡——一个积极支持专业交流的国家——的经历激发了他们对如何深化粉岭学校的课程、教学与学习方式展开思考。[2]粉岭学校的

---

[1] Sato, N. E. (2004). *Inside Japanese Classrooms: The Heart of Education.* New York, NY: Routledge Falmer.

[2] Kim-Eng Lee, C., & Mun Ling, L. (2013). The Role of Lesson Study in Facilitating Curriculum Reforms. *International Journal for Lesson and Learning Studies*, 2(3), 200 - 206.

团队访问了四所新加坡学校。他们发现"新加坡的教师一轮又一轮地反复磨课,以改进课堂教学"。他们还发现"专注一节课的持续改进同样鼓舞人心"。粉岭学校的团队还了解到,"新加坡的教师并不面向本班学生开展公开课教学"。访问回来之后,粉岭学校的教师决定改进本校公开课活动的程序,使之更加结构化。

在全香港范围内,粉岭学校建立并领导了一个由 20 所学校组成的网络(占全香港学校的 5%)。每年各校都会开设公开课,并邀请香港教育局相关专业人员参加。这一举动反过来影响着香港教育局的工作。

此外,当前许多教师特别是像韩国等亚洲国家的青年一代教师,都热衷于在互联网上分享自己正在做的事情。[1] 粉岭学校的教师也用智能手机记录他们正在做的事,并分享到 WhatsApp 上。有的教师每天分享多达 20 张 PPT 或板书快照。校长也能看到这些分享,并经常在网络空间与青年教师沟通交流。这样,无论是通过国际参访、本地学校网络建设还是数字平台,粉岭学校的教师都乐于积累和传播自己的教学经验及实践智慧。

4. 合作之外

一般来说,如果想了解一所学校,就必须了解学校所处的教育系统。香港并不总是支持专业合作和教育创新的。在 20 世纪 90 年代中期,该地区的教育系统以讲授为主。许多教师甚至无法有效地指导学生恰当使用日常英语进行沟通。中国对香港恢复行使

---

① So, K., & Kim, J. (2013). Informal Inquiry for Professional Development among Teachers within a Self-organized Learning Community: A Case Study from South Korea. *International Education Studies*, 6(3), 105 - 115.

主权之后,短短几年,香港教育就跻身经济合作与发展组织 PISA 测试排名前 10 位。随着中国内地廉价劳动力的涌现,香港也逐渐意识到本地居民对高水平技能教育需求的增加。

中国香港特别行政区政府向海外派出代表团参观学习。[1] 本地区教育教学改革重点转向主动学习、理解教育、实践中学习以及与社会环境紧密联系的校外学习。但是,若没有适当的专业发展或战略引领,这些美好的改革愿望终究难以起飞。鉴于香港前教育局局长对英国近 30 年实行的自上而下课程改革路径持有异议,中国对香港恢复行使主权之后,香港开始寻求一条更具专业包容性的改革路径。

在任职的最后几天,香港教育局局长陈光诚(KK Chan)解释了自 2002 年以来香港教育系统所做的改变,这些改变推动了教师专业合作[2]:

- 设立政府资助类合作项目,旨在研究和发展推动改革的要素。

- 设立大学—学校伙伴关系项目,涵盖整个学校改革的不同主题,包含课程规划、教学法、教育评价、学习素养、在线学习及价值观教育等。

- 借调(临时调动)教师和校长到政府和大学任职,培养他们的学校领导力,巩固和分享合作网络,促进校际不同领域的知识转移。"学校起初不愿意,因为失去了好的教师和校长。"陈女士解释说。但教育局说服学校认识到,"这将更好地发挥这部分优秀教师和校长的能力,培养未来的可造之才"。

---

① 这包括我们 2000 年在多伦多的管理员发展计划中培训的一个团队。
② 摘自香港教育局局长陈光诚的访谈(2017 年)。

- 构建校本专业合作。通过相互协作开展课程规划、同侪观察和员工发展日等活动，形成校本专业合作。陈女士指出，同侪观察等校本活动在中国内地学校非常普遍，从某种程度上说，它是内地学校教师专业发展的支柱。根据经济合作与发展组织的数据，2003—2011 年，香港八年级数学和科学的教师同侪观察增加了 25％以上。[①]
- 设立小学课程领导的专门职位。
- 学习其他地区或国家教育系统的改革经验。向中国内地和加拿大安大略省等表现较优异的教育系统学习取经。

这项工作以三年为周期，获得大量经费和资源支持。中国香港的教育体系并不是完美的。香港地区在教育公平和儿童福祉方面的表现不如学生学业成就的表现突出。[②] 然而，香港教育局放弃了自上而下、事无巨细的任务式改革路径。相反，政府为专业人士提供支持、奖励、鼓励和自由，让他们自行制定方向，采取行动。香港教育局即为粉岭学校的公开课创新搭建了平台，使公开课的合作方式在粉岭学校之外的更大范围内蓬勃发展。

本章小结

公开课模式的课例研究或学习研究是一种深思熟虑的合作专业主义。这种合作带来了实践的改进和变化。这种合作呈现出规

---

① OECD.（2014）. *Measuring Innovation in Education: A New Perspective*. Paris，France：Author. http://dx.doi.org/10.1787/9789264215696-en.

② OECD.（2017）. *PISA 2015 Results（Volume III）: Students' Wellbeing*. Paris，France：Author. http://dx.doi.org/10.1787/9789264273856-en.

划、复盘、实践、反馈和公开展示的螺旋上升。它让每位参与者参与到合作活动中。这种设计避免了专业学习成败对参与者个人的追责。公开课之所以繁荣,在于它的设计具有独创性和整合性。这种设计让教师之间的对话更加深入,并为他们基于真实情境对教学和学习展开批判性反思提供空间。同时,虽然公开课的行动策略是对已有教师非正式合作的深化,但这并不意味着教师们能够在事先毫无合作基础的情况下开展有效合作。公开课的合作需要合作文化支持。在这种文化氛围中,各类合作广泛开展,为改进教学工作和实践提供支持。公开课及参与教师也受益于这种乐于向本地其他学校、中国内地以及世界其他地区学习的开放型文化。这一切还归功于一个鼓励、期望并积极支持教学创新和合作专业发展的政策系统的支持(并非微观管理)。更重要的是,在中国香港、新加坡和日本等表现良好的亚洲系统中,**精细的专业合作方式或路径得益于重视集体利益、强调个人牺牲、氛围和谐、等级分明、谦逊谨慎的文化传统**。这种情境中人们对学习、教学、专业知识和权威的重视和尊重,是其他地区难以企及的。

第四章
美国西北农村地区的合作备课网络

一、偏远地区的教师合作

"我们都住在偏僻的乡下。"①这是美国华盛顿州一所农村语言艺术高中的教师玛莎(Martha)对农村学校教育网络联盟的描述。相较于城市学校的教师,与玛莎类似的农村学校教师很难获得丰富的教学和学习资源:同样是教某个年级,城市教师经常分享课程资源;遇到困难可以约同事到校园走廊聊一聊,同事也会给予一些想法、建议或精神上的支持,但"在偏僻的乡下",教师们必须独自承担所有事情。

玛莎所在的学校很小。她是学校里她所教学科唯一的授课教师。她说:"每年,我每天都要教四到六节课,而且这些课每年都在变化,这使得你没有多少时间与其他教师合作。"农村小型高中里的教师们忙于教书,很难挤出时间规划自己的学习。而且,用玛莎的话说,如果你是学校某学科唯一的教师,"你就很难与别的教师合作"。

这一情况反映出美国农村教育的双重劣势。在工厂关闭前的制造业城镇,聚集着大量移民而来的贫穷的农民工。无论在美洲原住民居住地,还是在濒临倒闭的林场,劳工阶层人民都在为生存挣扎。不仅如此,他们也很难融入商业中心、高等教育、慈善机构

---

① 除特别标注外,本章所有引用均来自 2016 年 12 月前往美国西北农村创新和学生参与合作网络(NW RISE)会议的研究访问。

和投资中心等城市生活网络。事实上，他们彼此孤立。

玛莎和同事们一边在太平洋西北广袤的土地上欣赏壮美的自然风光，一边面对着由各种因素致贫的社区居民。这些困境还包括教师彼此之间的专业疏离（由自然条件所致）。对此，来自 27 个学区的教师和校长——包括玛莎——决定努力克服这种疏离的工作现状。他们认为，合作在某种程度上能够缓解贫困给学生学习造成的影响。

每年，作为美国西北农村创新和学生参与合作网络（NW RISE）成员，玛莎和同事都会开车两次跨过州际线来到华盛顿斯波坎（Spokane）等地，与各地农村教师及学校管理人员一起参加为期两天的会议。这其中还有辗转多个航班从阿拉斯加赶来参会的农村教师和学校管理人员。在华盛顿，除了丰富的高质量购物体验外，是什么吸引他们来参会呢？

早上 7:30，酒店大厅里挤满了相隔数月再次团聚的朋友和同行，他们寒暄问好，交谈甚欢。和其他专业人士一样，教师也乐于随时随地谈论工作，好为人师。但这些教育工作者来斯波坎的目的不仅是闲聊。他们是来上班的。在这座小城里，来自阿拉斯加州、艾奥瓦州、俄勒冈州和华盛顿农村偏远学校的教师将在这两天内听讲座、分享观点，实时填写关于学生学习和学校改进的在线调查问卷。根据调查结果，参会的教育工作者组成对彼此价值最大化的工作小组。这些工作小组由那些在学校教授相近学科课程或学生年段的同事组成，如数学教师工作小组、幼儿园教师工作小组、特教教师工作小组和学校管理人员工作小组等。这些教师所在的农村学校与其他学校有时相隔几个小时的车程，且这些学校中的某个年级或某门学科往往只有一位教师。在这种情况下，教师没有与之联系或相互学习的同事和榜样。这就是为什么玛莎如此重视她加入的英语教师工作小组。

二、工作任务式小组合作

与其他工作任务式小组合作一样，玛莎的团队根据每个单元的教学任务共同备课，分享教学经验，希望提升学生的学习参与，让他们积极投入到校内外社区生活中（见图 4.1）。戴维（David）[①]是一名来自俄勒冈州农村地区的年轻英语教师。他表示很乐意参与共同备课，尤其是在资源稀缺的情况下："作为一名新教师，我一

图 4.1　2016 年会议中英语教师工作小组正在开展工作任务式小组合作

---

① 此处为化名。

个人设计这么多教学活动非常困难。"当生活在与世隔绝、缺乏同事合作的学校环境中,"能与同事共同探讨课程计划与教学活动设计,对提升教学效果颇为有益"。

"最大的挑战是有时会觉得自己处在一座孤岛上。"另一位来自美国西北地区的教师说:"我是学校五年级学生唯一的教师。我常常会想,去哪里可以找到好点子?"[1]所有同事,包括校长,都有许多不同的工作,承担着多种责任。如一位校长所述:"我扮演所有角色,包括督导、校长、校车司机、监护人、其他各种岗位上的'救火队员'等。"[2]但是,他接着说:"西北农村创新和学生参与合作网络提供了新的视野,让我和同事重新思考学校教学。"

> 加入西北农村创新和学生参与合作网络是一个很好的机会,让我们与其他小型农村学校联系起来。我第一次在校长的职位上认识到自己并不孤单,这里有一群与我一样面临着同样问题和挑战的伙伴。[3]

三、关注学生参与

学生参与是西北农村创新和学生参与合作网络的研讨重点——一个很好的聚焦点。从全球范围来看,农村地区没有接受过教育或未上学的学生数量比例(16%)是城市学生该数量比例

---

[1][2][3] Education Northwest. (2016, January 19). *NW RISE: Connecting Rural Schools*[Video file]. Retrieved from https://www.youtube.com/watch? v = UYRu-Ag0xY.

（8％）的两倍。[1] 在美国，超过 40％的基础教育学校（K－12）位于农村地区。约有三分之一的美国学生在农村学校就读。[2] 美国85％的长期贫困县（其中 20％的人口在过去 30 年或更长时间内都生活在贫困线以下）被划归为农村地区。[3] 这些地区长期面临包括经济发展薄弱、学生长期旷课、教育意愿低、成绩差及高中和大学完成率低等问题和挑战。[4] 美国西北部"66％的农村地区近 500 所学校，每所学校的教师不超过 5 名"。[5]

无论是美国还是世界其他地方，学生的学业成就都与其学习参与密切相关。当然，通过坚持学习、努力付出和坚韧的意志力等，短时间的积极投入也可以取得学业上的成功。但如果学生所处环境不支持他们学习，包括生活贫困、挨饿、照顾弟弟妹妹，或在家庭或社区中遭遇毒品或暴力的威胁等，他们就会受到严重干

---

① Beckman，P. J.，& Gallo，J. （2016）. Rural Education in a Global Context. *Global Education Review*，2（4），1－4. Retrieved from http://ger. mercy. edu/index. php/ger/article/viewFile/238/15；UNESCO. （2015）. *EFA Global Monitoring Report: Education for All 2000－2015 Achievements and Challenges*. Paris，France：Author.

② Battelle for Kids. （2016）. *Generating Opportunity and Prosperity: The Promise of Rural Educational Collaboratives*. Retrieved from http://battelleforkids. org/docs/defaultsource/publications/generatingopportunityprosperityview.pdf? sfvrsn=2.

③ Battelle for Kids. （2016）. *Generating Opportunity and Prosperity: The Promise of Rural Educational Collaboratives*. Retrieved from http://battelleforkids. org/docs/defaultsource/publications/generatingopportunityprosperityview.pdf? sfvrsn= 2；Cohen，R. （2014，December 4）. What Ails Rural Communities Philanthropy，and What Must Be Done. *Nonprofit Quarterly*. Retrieved from http://nonprofitquarterly. org/2014/12/04/what-ails-rural-communities-philanthropy-what-must-be-done/.

④ Budge，K. （2006）. Rural Leaders，Rural Places：Problem，Privilege，and Possibility. *Journal of Research in Rural Education*，21（13），1－10；Irvin，M. J.， Byun，S.，Meece，J. L.，Farmer，T. W.，& Hutchins，B. C. （2012）. Educational Barriers of Rural Youth：Relation of Individual and Contextual Difference Variables. *Journal of Career Assessment*，20（1），71－87.

⑤ Education Northwest. （2016，January 19）. *NW RISE: Connecting Rural Schools* ［Video file］. Retrieved from https://www. youtube. com/watch? v=UYRu_- Ag0xY.

扰,无法将注意力集中到学业上。生存环境问题往往干扰学生的学业成功。[①] 对西北农村创新和学生参与合作网络的教师来说,有必要在应对社区环境无法给予学生学习支持等问题上展开合作。与此同时,与同行合作也能激发他们在关于课程和评价问题上的灵感和想法,为学生的学习创造更多可能性。

道理很简单。很多合作团队都认识到,虽然他们各自所处环境不同,但面临的问题是一样的,即大家在同一条船上,需要同舟共济。"这些教师就像在同一个'战壕'中,他们尽力爱护孩子们,让他们远离辍学、自杀和早孕等问题,"玛莎的一位同事说道。"我们和这些孩子朝夕相处。面对他们……也给了我们机会去了解他们(与我们一样面临同样的问题)……这很重要。"

然而,这里需要的是深入的专业合作,而不仅是建立联结,彼此共情。痛苦有时可能与爱相伴,但也可能阻碍人们行动起来,去学校、去工作。**深层次的合作专业主义期待的是深思熟虑地投入到实际问题中,行动起来,让实践发生实质性改变。**

四、英语教师工作小组

克里斯·斯普里格斯(Chris Spriggs)描述了她、玛莎和另一名创始组员是如何开启工作任务式小组合作的:"我们都想聚焦学生参与做一些事,尤其是真实情境中的学生学习参与。"西北教育公

---

① Boykin, A. W., & Noguera, P. (2011). *Creating the Opportunity to Learn: Moving from Research to Practice to Close the Achievement Gap.* Alexandria, VA: ASCD; Lawson, M. A., & Lawson, H. A. (2013). New Conceptual Frameworks for Student Engagement Research, Policy, and Practice. *Review of Educational Research*, 83(3), 432 – 479.

司的首席项目官与西北农村创新和学生参与合作网络的积极推动者达内特·帕斯利(Danette Parsley)在发言中力挺英语教师工作小组(ELA),他说道:

> 这不是学术训练。这是脚踏实地的工作——而且是真正与解决实际问题高度相关的工作。教师们将合作视为自身工作的一部分,而不是额外工作。这对无论是明天、后天还是下个月的工作都将有所助益。教师们相互支持……英语教师工作小组是实践中产生的一种合作模式。

克里斯和其他小组成员的第一个项目是教九至十一年级学生写作论辩性论文。要知道在当下这个充斥着庞杂观点的世界里,每个人都认为自己是专家[①],电视里满是大呼小叫的争论。教师们明白掌握论辩性写作不仅是大学入学的要求,更是民主社会生活的必备工具。

刚开始,英语教师工作小组的教师们决定要求学生们就学校采取1∶1技术实施这件事选择一个立场,写一篇有理有据的论文,以说服相关受众改变他们的立场(包括预见对论点的任何反对意见)。该论文的受众包括学校、学区及与学生或论文有关联的社区成员,如地区技术委员会和社区资助者等真实存在的机构和群体。

第二年的写作主题是让学生阐述使用无人机的立场。对特定项目和受众来说,这些立场可能既包括个人的立场,也包括公众或政府的立场。其他英语教师工作小组项目还包括拍摄日常生活视

---

① Nichols, T. (2017). *The Death of Expertise: The Campaign against Established Knowledge and Why It Matters*. New York, NY: Oxford University Press.

频。学生可使用智能手机拍摄他们生活的地方、农村社区的情况，一方面建立自己的家乡自豪感，另一方面也了解同学的家乡。所有这些活动都旨在通过增加学生的学习参与提升他们的写作水平。其间，学生了解了不同的写作体裁和结构，学习在真实情境中思考写作的目的与受众；他们彼此分享生活经验，反思自己，并积极与社区成员展开互动。最重要的是，这些活动（包括写作论点）以不同方式将学生组织起来开展合作性写作。如克里斯所描述的，教师们"把孩子们汇聚在一起，让他们根据一定框架展开合作性写作与同伴反馈，并将学生们的习作上传到 Schoology 平台上，供大家阅读分享"。

这项活动对学生有什么影响呢？克里斯注意到"学生们会谈论其他学校同学的合作性写作活动，会提及某些同伴的名字，也谈论想去某所学校参观，他们想做更多事，想参与更多活动，等等"。此外，克里斯还说：

> 学生们学到了很多关于写作的知识，他们在各自写作小组中花很多时间、精力仔细琢磨写作过程的每个步骤。我认为这种方式使学生在写作时有意识地注意到读者的反馈，也使他们在写作中越来越关注词汇的选择。

对此，学生们是认可的。其中一位撰写了有关无人机的论辩性论文并将之递交给社区州政府代表的学生说道：

> 我在这个项目中很投入，也很认真。我不断获得反馈。在此过程中，我也不断尝试清楚地表达自己对无人机问题的

认识，希望读者能够理解我想表达的观点。我只是努力进行更为专业的表达，而不是运用很多艰深的专业术语让读者感到困惑。我想用清晰准确的词汇表达观点。在此过程中，我感到自己仿佛是一名州政府代表。我觉得，如果读者阅读时仅仅像在和一个普通朋友聊天，那他们就不会认真对待这篇文章及其作者。

通过写作，学生们提出了许多有意义的论点。其中一位学生在调查了她所在社区的农业生产状况后，讨论并肯定了无人机的功用和价值。另一些学生认为无人机技术有可能会侵犯他人隐私，他们对此表示担心。通过与同伴交流反馈，学生们一方面提高了写作能力，另一方面也获得了对该问题全方面、多角度的认识。

当然，让高中生通过信息技术平台进行合作也会有风险，比如某些学生会对其他学校学生的作品发表一些不大合适的评论等。但正如克里斯所解释的，学生"必须学会'网络礼仪'，能够以合适的方式在 Schoology 平台上沟通，而非像在一个社交媒体上那样互怼"。这些学习经历（包括向收到不恰当评论的人道歉！）让学生们在不断获得他人的反馈中提升写作能力，学着对"生活在截然不同的世界中的人"饱含同情，从而实现全面发展。

达内特·帕斯利在描述英语教师工作小组的工作对其他小组的激励时说道：

让学生参与进来——这是英语教师工作小组获得的意外收获。他们是推动学生参与的早期实践者。这一合作小组有共同的工作程序，他们相互了解，共同开展项目，将论辩性论文写作教学作为团队共同的目标。在合作过程中,整个团队开发了一系列的共享学习资源,开展课程设计。没过多久,这个团队就意识到,可以让孩子们也参与到课程设计中来。(我感到)英语教师工作小组的工作走在了前沿。我认为这是很棒的合作。现在,我看到这样的合作模式正逐渐推广到其他小组。这一合作方式正显现出活力。

合作网络构建的成功不仅取决于游走于其间的协调者,还取决于教师,他们发挥着领导作用,并在合作中相互鼓励,使得合作网络项目更有意义。美国西北农村创新和学生参与合作网络开展的大量探索性工作,让我们看到了合作的魅力和意义。

五、合作网络的设计

与其他表现较好的教育合作网络类似,美国西北农村创新和学生参与合作网络也是深思熟虑的结果。[1] 并非所有合作网络(包括教育领域的合作网络)都采用同样的设计方式。不同的合作网络聚焦不同的合作目标和内容,比如创新扩散[2]、支持改进或实

---

[1] Daly, A. J. (2010). Mapping the Terrain: Social Network Theory and Educational Change. In A. J. Daly (Ed.), *Social Network Theory and Educational Change* (pp. 1 – 16). Cambridge, MA: Harvard Education Press; Lieberman, A., Campbell, C., & Yashkina, A. (2016). *Teacher Learning and Leadership: Of, by, and for Teachers (Teacher Quality and School Development)*. Florence, KY: Taylor and Francis; Lieberman, A., & Grolnick, M. (1996). Networks and Reform in American Education. *Teachers College Record*, 98(1), 7 – 45.

[2] Davis, B., Sumara, D., & D'Amour, L. (2012). Understanding School Districts as Learning Systems: Some Lessons from Three Cases of Complex Transformation. *Journal of Educational Change*, 13(3), 373 – 399.

施变革[①]。

　　合作网络通常呈现不同的形式。马克·哈德菲尔德（Mark Hadfield）和克里斯·查普曼（Chris Chapman）[②]概述了三种不同的合作网络形式。

　　焦点扩散型网络（hub-and-spoke networks）。围绕着一个中心组织的合作网络，信息从焦点中心扩散至处于网络边缘的参与者。

　　散点式节点系统（modal systems comprise mini-hubs）。学校按区域、级别或重点聚集在一起，形成聚类或集团，共同推进教育改革创新，并持续对实施效果进行反馈。

　　无焦点式结晶网络（crystalline network）。在多种边界重合的沟通系统中展开互动。[③]

六、合作网络的原则

　　教师网络的设计团队确定了成功高效的合作网络八要素，这些要素为西北农村创新和学生参与合作网络提供了支持。[④]

　　1. 共享性目标：在合作开启时即确定共享性目标。合作的目标和愿景应与所有合作网络成员息息相关。 经过多次讨论，西北

　　① Wellman, B., & Berkowitz, S. D. (Eds.). (1988). *Social Structures: A Network Approach*. New York, NY: Cambridge University Press.

　　② Hadfield, M., & Chapman, C. (2009). *Leading School-based Networks*. London, UK: Routledge.

　　③ 参见 Hargreaves, A., Parsley, D., & Cox, E. K. (2015). Designing Rural School Improvement Networks: Aspirations and Actualities. *Peabody Journal of Education*, 90(2), 306-321.

　　④ 同上，p.101.

农村创新和学生参与合作网络团队决定，他们的关注点是提高学生的学习参与和社区融入。为此，该团队积极帮助教师构建专业资本，特别是农村地区教师的社会资本，以便更有效地合作。[1][2] 这些行动目标和策略并不是增加教师和行政人员的工作量，而是与州和联邦所期待的为学生大学生活和职业生涯做准备的目标不谋而合。

2. **校际合作的筛选和参与：潜在合作成员将合作视为值得为之努力的有趣之事**。首批校际合作由九所学校组成——根据当地学校需求及参与意愿决定，并得到州政府确认。设计团队还将此校际网络定位为"小"范围内的合作，即适合规模大约为 400 名或更少学生的学校组成类似的区域校际网络。

3. **校际合作网络的活动形式：活动形式取决于合作的目标和规模。教师参与的活动越多，他们凝聚的集体责任感就越强**。一旦不同学校组成校际合作网络，第一项任务（除关系建立外）就是让各小组选择并确立各自工作的关注点。有些小组——如英语教师工作小组——很快就发现了这一点的重要性；有的小组进展太快，不得不慢下来一些或重新建组（迈克尔·富兰称之为"澄清问题"[3]）；有些小组经过长时间讨论，讨论范围远超预期，而后逐步达成共识，找到合作的关注点。无论怎样，每个小组最终都确定了自己的发展方向。这个方向不是外部强加的，而是小组成员共同探

---

① Hargreaves, A., & Fullan, M. (2012). *Professional Capital: Transforming Teaching in Every School*. New York, NY: Teachers College Press.

② Leana, C. R. (2011, Fall). The Missing Link in School Reform. *Stanford Social Innovation Review*, 30–35.

③ Fullan, M., & Stiegelbauer, S. (1991). *The New Meaning of Educational Change* (2nd ed.). Toronto, Ontario, Canada: Ontario Institute for Studies in Education.

寻出来的。

4. **重点：合作网络的成员必须确定对实现合作目标而言最有用的活动**。工作任务式小组早期确立的关注重点贯穿于整个合作过程。以技术为基础的远程合作小组进展相对较慢。西北教育公司和波士顿学院的专业人员的介入有效打破了教师们的固有认知。技术平台创造的开放空间为所有人提供了展现自己的机会，也为合作成员探讨各自的关注点提供了更为广阔的空间。

5. **指导：高质量的领导力支持、指导和推进为分布式领导实践提供了空间**。指导委员会仔细斟酌各项活动的设计及搭配，持续听取参与者的反馈意见。例如，西北教育小组（Education Northwest team）提供了一个合作的行动指导——SPUR。这一行动指导通过集思广益、反思、规划、实施和再反思帮助指导委员会有的放矢地指导合作。①

6. **资源：领导者一方面提供资源支持，另一方面也可给合作网络成员赋权，调动他们的积极性，为合作提供资源支持**。西北农村创新和学生参与合作网络的最初成形得益于联邦资助的支持。但在项目开展中期，可持续原则成为主要关注点后②，合作成员和州政府的代表开始探讨如何获取资源、如何寻求资助，以使合作网络在政府资助到期后继续维持下去。指导委员会将通过投票来确定合作网络进程中需要探讨的关键问题。

7. **网络身份：合作网络需要有明确的参与规则**。对工作任务式合作小组来说，制订规则尤为重要。大家必须对合作如何开展、

---

① SPUR 的意思是设定焦点（set the focus）、规划改变（plan for change）、执行改变（undertake change）、维持改变（recharge and sustain）。

② Hargreaves，A.，& Fink，D.（2006）. *Sustainable Leadership*. San Francisco，CA：Jossey-Bass.

线上交流到何种程度进行讨论并达成一致，并就如何通过网络研讨会向合作网络中其他成员介绍团队的关注点等达成共识。

8. **推广与增长：随着时间的推移，合作网络不断发展变化，新的参与者、合作目标及活动方式将会出现。**合作网络不断扩充团队成员，提升团队影响力，与此同时，通过持续讨论、决策、反思和复盘，能较好地维持较小群体间以信任和相互理解为基础的紧密联系。这是利伯曼（A. Lieberman）和格罗尼克（M. Grolnick）所述的合作网络发展常见的几个困境之一。[①] 目前，历经四年持续不断的规划筹谋（包括三年面对面的校内合作），该合作网络的规模扩大了两倍。

七、合作网络的技术

数字技术对创新型专业发展带来的影响是当前学界讨论的热点。无论怎样，**在有网络宽带接入的农村地区，数字技术正以前所未有的方式支持教师的专业学习与分享。**

英语教师工作小组及西北农村创新和学生参与合作网络的合作成员都使用 Schoology 平台。该学习管理系统为共享资源、发布评论、进行异时对话、实时开展在线会议、进行合作研讨等提供了虚拟空间。尽管电子邮件、Google Docs、Google 及 Skype 链接亦能为教师所用，但拥有一个整合所有项目资源的 Schoology 平台及一个可靠的虚拟会议系统，以便组织各组成员深入细致地规划小组发展的未来，是十分必要的。

---

① Lieberman, A., & Grolnick, M. (1996). Networks and Reform in American Education. *Teachers College Record*, 98(1), 7 - 45.

面对面研讨与数字虚拟链接共同创造了一种支持教师合作的融合方式。面对面研讨是开展课程规划、建立信任关系的基础。与此同时,技术平台为实施合作项目、定期研讨反馈及鼓励学生广泛参与等方面提供支持。这种合作推进过程使教师和学生深度参与,令合作影响深远。

本章小结

如达内特·帕斯利所述:"我们认为教师合作是改善学校最有效的方法。""我们相信教师是专业人士,合作能够让他们为彼此的专业发展提供帮助,而不只是获得一些自我提升和表达的机会。这一点对农村地区的小规模学校来说尤为重要。"但在达内特看来,专业合作并不仅仅是为了让教师获得自由。她和西北教育公司希望"合作能够提供教师专业发展的脚手架"。然而,"一旦被火焰击中,教师就不再需要他人提供脚手架了"。克里斯·斯普里格斯现在是英语教师工作小组的协调人,她鼓励其他教师领导反思学生的问题,不断孕育新的合作聚焦点。例如,论辩性论文写作项目先由教师驱动,之后,教师反过来受到其学生的启发,使合作聚焦点转为关注日常生活中与社群身份相关的学生电影等议题。这些项目的推进并非源于校长自上而下的指导。

在西北农村创新和学生参与合作网络中,教师与教师合作,学校与学校合作。这样一些合作与真实情境中的教育目标和教育对象联系在一起,创造机会提升学生参与。这有益于学生发展。这一合作项目也增强了教师对教学的专业承诺,点燃了他们内心的火焰。克里斯在论及合作网络对自身及其他农村教师的影响时说道:

其他教师谈到合作网络项目时，大都活力满满。这完全改变了我的想法。作为一名教师，我一直处于孤立无援的状态。我已习惯做自己的老板，做我想做的事，一切自己做决定。但在这之后，我感到我必须参与合作，听一些与我的想法不一定一致的观点，理解不同人的观点，学会灵活处事。与一些拥有同样挫败经历的人在一起工作是一件好事。他们的工资不高，但要做 20 份工作，晚上工作到很晚，还为他人提供辅导，给予建议。这对我很有启发。来这里与周围每个人相处，完全改变了我的生活。

另一位教师说，合作网络"使我的教学风格重新焕发活力。我尝试新事物。我和同事一起工作，开展合作"。一位中学历史教师也赞同这样的观点，他认为：

> 我喜欢这个（合作网络），它是我所知的唯一完全专注于农村学校改进的专业合作。在很多会议里，我（通常被认为）是个古怪的人，因为我班里只有八个孩子。其他教师表示对此不可想象。但是当我去参加西北农村创新和学生参与合作网络会议或登录 Schoology 平台时，我认识了很多情况与我类似的同行。[1]

让西北农村创新和学生参与合作网络成员感到意外的并不是

---

① Education Northwest. (2016, January 19). *NW RISE: Connecting Rural Schools* [Video file]. Retrieved from https://www.youtube.com/watch? v＝UYRu_-Ag0xY.

彼此面临同样的问题,而是这类精心设计、富有合作架构、为教师创造合作空间并推动教师专业成长的合作在美国太平洋西北地区的偏远农村本来是比较难以开展的。然而,实际上,西北农村创新和学生参与合作网络的教师们正在开展持续而深入的专业合作。

第五章
挪威的教师合作学习和工作

诸多教育系统中都有提升合作专业主义的案例。但对那些富裕且民主制度深入人心的国家来说,进一步投资教师专业资本特别是社会资本的理由是什么呢? 挪威是世界上人均财富最多的国家之一。[①] 截至 2017 年,挪威在联合国人类发展指数中排名第一,挪威人民的幸福指数也名列前茅。[②]

合作对挪威来说绝不是新话题,但对挪威的教师来说是相对较新的。这个只有 400 万人口的国家,除去三四个城市外,其他都是农村地区。大部分教师都在较小规模的学校工作,他们在学校和班级中有较大的自主权。由于许多教师除教书外还务农或经商等,教师们在课堂以外几乎没有合作的时间。这就是为什么即使在今天,挪威教师的工作时间还会精确地写进工作合同中。多种因素和力量的推拉对该国社会情境中的教师合作意味着什么?

一、合作的一致性

阿伦斯洛埃卡(Aronsloekka)小学位于奥斯陆西南 45 千米的德

---

① Treanor, S. (2014, August 27). How Norway Has Avoided the "Curse of Oil". *BBC News*. Retrieved from http://www.bbc.com/news/business-28882312.

② Helliwell, J., Layard, R., & Sachs, J. (2017). *World Happiness Report 2017*. New York, NY: Sustainable Development Solutions Network. Retrieved from http://worldhappiness.report/ed/2017/; United Nations Development Programme. (2016). *Human Development Reports: Norway*. Retrieved from http://hdr.undp.org/en/countries/profiles/NOR.

拉门市(Drammen),是该市所拥有的 19 所学校之一。多年来,这所学校一直在探索发展属于自己的教师合作模式。支撑该校专业合作的理念是将教师交互学习建基于学生交互学习。该校在合作学习方面投入了大量资金,并一直将生生合作的形式与教师合作保持一致。

20 世纪 80 年代末,本书合作者之一参与了迈克尔·富兰教授在加拿大安大略省建立的一个由四所学校委员会组成的联盟,展开聚焦合作学习和课堂管理的教师培训。一开始,培训效果非常明显。但暑期培训之后,许多学校由于缺少校长及学校文化的支持,项目推进举步维艰。实际上,若教师之间未能形成合作的文化,那么学生的合作学习也很难持续。这就是生生合作与教师合作必须同步进行的原因。

莉娜·基能(Lena Kilen)校长(挪威语 Rektor)和她的副手马库斯·凯瑟路德(Marcus Kathrud)非常清楚这一点。在 2017 年 5 月底的现场访问中,我们观察了课堂上学生的合作学习和基于同样理念组织的教师合作。[①] 阿伦斯洛埃卡小学使用的合作学习方法源自美国学者斯宾塞·卡根(Spencer Kagan)的研究成果,包含多达 250 个与提升学生社交技能、团队建设及学习成绩等相关的学习策略。[②] 实际上,合作学习策略在这所学校任何课堂上都显而易见。孩子们

---

① 从本处开始,除特别标注外,本章所有引用都是基于 2017 年 6 月的一项参观调研访谈。

② Johnson, S., Marietta, G., Higgins, M. C., Mapp, K. L., & Grossman, A. (2015). *Achieving Coherence in District Improvement: Managing the Relationship between the Central Office and Schools.* Cambridge, MA: Harvard Education Press; Kagan, S. (1985). Dimensions of Cooperative Classroom Structures. In R. Slavin, S. Sharan, S. Kagan, R. Hertz Lazarowitz, C. Webb, & R. Schmuck (Eds.), *Learning to Cooperate, Cooperating to Learn.* New York, NY: Plenum; Kagan, S., & Kagan, M. (2015). *Kagan Cooperative Learning: Dr. Spencer Kagan and Miguel Hagan.* San Clemente, CA: Kagan; Li, M. P., & Lam, B. H. (2013). *Cooperative Learning. The Hong Kong Institute of Education.* Retrieved from https://www.eduhk.hk/aclass/Theories/cooperativelearningcoursewriting_LBH% 2024June.pdf; Slavin, R. (1999). Comprehensive Approaches to Cooperative Learning. *Theory into Practice*, 38(2), 74-79.

讨论着挪威语这门课的学习目标。他们自由组合，在教室中来回穿梭，如同做游戏一般寻找伙伴进行交流。讨论的问题包括如何进行合作、如何开展讨论等。随着声音逐渐减弱，孩子们讨论结束。之后，他们又起身自由组合进行第二轮讨论。这一轮讨论的焦点是三个包含字母 KJ 的挪威语的发音困难问题。

元认知在这里发挥了作用——孩子们开始思考他们是如何合作的。他们将五个最受欢迎的"卡根策略"(Kagan strategies)写在黑板上。其中三个策略当天用到了。在这里和其他地方，使用最广泛的是循环交替策略(round robin)，即孩子们在小组中轮流回答问题。另一个是朋辈互助策略(rally coach)，即小组成员相互帮助、角色转换、互为教练以解决问题。孩子们边做边说。这样的活动有助于他们彼此"倾听、帮助、相互尊重"，校长莉娜解释道。教师使用卡根游戏手册中的标准策略，也根据学生需要创造出一些新的策略。随着课程的进行，孩子们对这些策略都非常熟悉。和那些生活在中国香港粉岭学校的同龄人一样，挪威这所小学的孩子也都知道课堂上自己该做什么。

其中一位教师解释了小组合作的形成。每个小组成员的构成都遵循"混搭"原则，如香港粉岭学校的小组一样，在四人小组中，能力最强和最弱的同学相对而坐，构成"面对面伙伴"；能力中等的同学构成"支撑伙伴"。"如果其中一位同学陷入困境，其他同学可提供帮助。"这样可以"有效阻止孩子们上课走神，并让他们通过合作按时完成学习任务"。

上午的课结束后，学校工作人员带我们来到会议室，展示上午学生课堂合作学习的原则和过程。会上，学校相关工作人员也指出，这些合作学习的目标已被列入学校发展愿景，并与学校起草提交的市政府五年教育质量提升规划(2016—2020 年)联系起来。[1]

　　会议开始前,工作人员给大家安排了冰激凌,借此机会,与会教师轻松交谈起来。此时,上午课堂上学生自由结队、组合、聊天等场景再度出现。会议进行过程中,几乎每 30 秒,卡根策略就会出现在教师有关什么是灵感、什么是学习动机等话题的讨论中。之后,教师各自回到自己的座位。校长仔细地列出了一些如何提升学生学习积极性和激发学生思考的策略或方法。基于学生学习数据显示出来的情况,他鼓励教师思考如何提升成绩中等学生的学业表现,而不要只关注成绩靠前的那部分学生的学业。问题抛出来后,其中一位教师提出希望与其他同事结伴探究学生合作学习过程中的结构问题,另一位教师提出希望能够获得更多有助于学生开展合作学习的方法和策略。

　　过了一会儿,莉娜接过讨论的话头,有意识地将教学数据的讨论与前述的学习质量计划联系起来。她指出,该校 56％的学生对上学充满期待,这比该市平均水平要好。但她强调,这一数据对许多孩子来说是不利的。“我们依旧对学生负有道德亏欠。”她坚持认为。学生的学习动机、学习坚韧性和抗挫折能力等问题必须得到关注。对此,一些教师认为,更为广泛深入地使用卡根策略,尝试将策略使用从三个策略提升到四个策略是可行的问题解决方式。

　　最后,回到学生的小组合作中,教师们安静地修改学生们上周提交的小组作业:起草一份学校发展目标。教室中的对话安静而克制——这与中国香港的案例有所不同! 这项工作不仅是声明起草的技术性问题。教师提供的案例显示,合作任务本身也带来很多现实

---

① Drammen Kommune. (2016). *Learning Pathways Drammen: Succeeding All the Way. Drammen*, Norway：Author.

困境,例如,面对担心孩子内向而无法融入小组合作的家长,教师应如何协调孩子的"社交恐惧和害羞",并积极发展他们的社会性能力,让每个孩子都有机会展示自己。这些问题都需要教师们持续思考。

莉娜和马库斯都"希望教师们成为具有大局观的思想者和领导者"。教师们可以在多个层面组成团队,一起工作。就像拥有专业学习共同体的学校那样,不同的教师团队专注于一个特定的主题分享教学策略,譬如阅读、数学、社会情感技能及合作学习等领域的教学策略。莉娜认为每位教师都应有机会加入这些团队。除此之外,教师还应参与到"学校运营及发展方向规划过程中……比如共同计划下一步该怎么走,共同筹办会议等"。这些事项包括决定哪些事情是组织优先考虑发展的,学校应该营造什么样的文化氛围等。"在这种情境下,没有教师会在开会讨论时昏昏欲睡,"莉娜肯定地说。

世界各地的学校情境中,有关教学或课程的诸多研究都显示,教师合作或专业学习共同体对特定课堂教学产生了影响(尽管通常来说,这些研究结论呈现的影响大多是即时性或短期的影响)。这一情况也给校长和高层管理人员留下了广阔的探索空间。从挪威阿伦斯洛埃卡小学及下一章将要介绍的来自哥伦比亚新式学校网络的案例来看,**所有教师都能够清楚地认识到他们属于什么团队,他们对团队有何贡献,承担何种责任**。在某种程度上,这意味着合作文化依旧具有一定的长期效应。

二、合作的情境

组织教师与学生共同开展合作学习课程的想法从何而来? 这

一想法受什么激发和驱动，又是如何维持下去的？为解答这一问题，我们将回到讨论公开课和课例研究时提出的问题。合作学习前发生了什么？合作学习过程中还发生了哪些其他类型的协作？国家和市区(县)的教育行政体系如何建基于并超越合作学习的设计？校长和教师如何跨越学校组织边界，广泛吸收多种专业合作的灵感，参与校内外各类培训，并形成多种形式的专业联结？

1. 合作之前

据一位经验丰富的教师回忆说，前任校长为教师创造了一个安全的环境，但她控制了大部分决策权。甚至连"橱柜的位置、窗帘的颜色、书籍的选择等"都要亲力亲为。在这种学校环境中，教师们"并不善于做出专业的决策"。

莉娜五年前调过来时，注意到教师们已经开展合作了。他们会"彼此讨论自己在做什么，通过交谈了解别人在做什么"。但这样的合作谈不上深入。事实上，有时这种合作会变成朱迪丝·沃伦·利特尔(Judith Warren Little)所描述的弱合作，即交谈充满闲言碎语和八卦故事。[1] "相互八卦多数只能是马后炮。""如果我不同意某一观点，最好当面提出来。这种积极的文化并不容易建立起来，"莉娜继续说道，"当一切顺风顺水，积极文化很容易营造。但若身处逆境，情况就不尽如此了。"莉娜强调说："任何人如不参加开会讨论，就别在会后抱怨。"开会时，如有教师"谈论其他事情"，校长和副校长就在旁边，这样"他们终究会感到不舒服"。

在合作学习完全融入学校教师文化和课堂文化前，着力发展

---

[1] Little, J. W. (1990). The Persistence of Privacy：Autonomy and Initiative in Teachers' Professional Relations. *Teachers College Record*，*91*(4)，509 - 536.

合作学习极为重要。学校陆续派教师前往英国曼彻斯特参加集中培训。很多教师都参与过这类培训课程的学习。但这些前期的努力并没取得预想中的好效果。一位教师解释认为,这一理论在实践中"一用就不灵了"。课堂上,孩子们"互相推挤,有的在地板上爬,他们显然很难按老师说的去做"。这之后,教师们差不多花了半年时间重新营造课堂环境。先把卡根策略置于一边,重建孩子们的基本课堂行为,如回答问题前先举手等。"卡根策略中并没有营造有序的学习环境的策略理论,"一位教师评论道。当课堂秩序重建之后,合作学习才被重新引入课堂教学中。

学校中教师们的实践探索步调虽有前后差异,但都很努力,相拥前行。过程中尽管经历失败,甚至倒退,但教师们的这些经历及他们从中汲取的经验成为今天合作成功的基石。这一方式的成功推进也受到学校工作环境各方面因素的影响。

2. 合作之中

在教室或办公室,阿伦斯洛埃卡小学的合作学习并不是该校唯一的合作项目——像特定时空中的孤岛一样。对教师们来说,这一项目所因循的特定方法论通过培训就能获得(虽说该方法起源于美国)。但与其他项目类似,如何调整这一引自外部的方法论以适应本地学校情境和学校文化,是需要特别关注的问题。

首先,在挪威,大自然和户外是学生学习和发展的重要场所。课间休息时,穿梭在校园中,孩子们奔跑玩耍。友谊长凳上还有一些没找到小伙伴一起玩耍的孩子(见图5.1)。眼看一个足球一弹一跳地滚入沟里,穿过小溪,一个孩子跑过去将球捡回来。操场是开放的,四周不设围栏。

图 5.1 学校友谊长凳上的两个孩子

(资料来源：阿伦斯洛埃卡小学)

和其他斯堪的纳维亚国家的学校一样,挪威学校也喜欢组织户外活动。即使在冬天,校长主持的全校性集会都在户外举行。据说在挪威,没有坏天气,只有坏装备(gear)。圣诞节,教师和孩子们一同在树林里行走。秋天,师生一起摘蓝莓;夏天,他们一起在河里玩耍,生火露营。大自然、游戏、聊天被视为建立关系和创造共同记忆的方式——成年人和孩子融为一体,展现出与平日课堂中不一样的彼此。莉娜和马库斯说,学校应教孩子们"去爱,去活动,去交朋友,去相互学习"。与加拿大安大略省西北部的土著社区和哥伦比亚丛林中的农村学校类似,这些学校都将自身发展与环境紧密联系在一起,而不是与环境对抗。本书后续各章将作具体介绍。

挪威教育还强调儿童全人发展的重要性。合作是其中的一部分。挪威官方课程体系的四大支柱之一是交流、合作和参与。另一支柱是探索、研究和创造。莉娜说,我们需要学校的原因之一是"让每个人都感觉自己是个很好的人,对社区有归属感——除各科学习成绩好外,还是一个积极主动投入生活的人"。

在这所学校中,六年级的哥哥姐姐教一年级的弟弟妹妹学习电脑编程。教师使用 iPad 和乐高材料组织合作学习课程。师生把在学校拍的照片用社交软件传给他们的父母,让他们看到"学校对孩子们来说是个非常有意思的地方"。这是"建立良好家校关系的方式"。有了这些基础,未来遇到麻烦事也更容易协商解决。也因此,合作学习作为一种策略或一种特定的学习设计,受到校内参与合作的孩子们和教师们的拥护。

实际上,挪威的教师前往英国曼彻斯特参加卡根策略培训时,也意识到自身制度和文化的独特性。一位教师指出,英国的教师是非常正式的,以"女士"和"先生"相称,通常穿衬衫、系领带。然而,挪威的学生直呼教师姓氏。如一位挪威教师说的:"在挪威,孩子们的心态不同。他们不怕教师。"这意味着需审慎思考如何在相较非正式的挪威学校中运用合作学习的策略和方法。

3. 合作之外

挪威的教育政策系统也支持学校(如阿伦斯洛埃卡小学)开展合作。挪威的课程目标非常广泛,这为学校和教师提供了探索空间。政府和工会之间的博弈也为合作争取了时间。小学教师工作合同上约定的工作时间为每周 42 小时，其中 32 小时花在学校——19 个小时花在教学上，剩余的 13 个小时中有 9 小时用于个人规划和评估，其余 4 个小时由校长自行决定（校长通常会与工会代表共同协商如何利用这部分时间）。

年末最重要的工作是审阅市政当局的年度规划及其进程。过去几年，受加拿大安大略省采用数据系统监测教育目标推进情况的启发，挪威大多数城市的教育网络系统也启用了数据监测。校长及市政相关部门领导都可以对教育数据进行内部审查。"我需要知道我们学校的教育运行数据，"校长莉娜说。在她看来，运用数据能够使学校的相关讨论和决定更加精准。比如德拉门市教育数据增值明显高于挪威其他地方，这点可以肯定。还有一些问题能够从数据中反映出来，比如，整体来看，女孩阅读方面的学业表现其实不如男孩（这与整个国家的趋势相背）；来自移民家庭的儿童数量增加，这部分儿童的教育需要改进；还有大量"处于中等水平"的儿童，他们的水平高于平均熟练程度，但依旧在未来竞争中面临巨大挑战等。

这些数据及其反映的问题可支持学校相关人员制订发展规划，但他们不应成立专门的数据小组，配备专项资金，并使之逐步取代或凌驾于学校其他专业合作之上。数据使用应是合作和策略改进的一部分，而不是策略改进的出发点或终极目标。

4. 超越合作

至此可以看到，通过向外部其他教育系统学习并建立网络关系，挪威阿伦斯洛埃卡小学已逐步形成自己的发展道路。该校不仅从与加拿大安大略省教育工作者建立联系的过程中学到了很多,还是加拿大艾伯塔省和挪威结成的伙伴关系中的一分子。当然,阿伦斯洛埃卡小学合作中采用的卡根策略尽管源自美国,却在加拿大得到广泛运用和推广,目前还持续支持英国的教师培训项目。眼下,阿伦斯洛埃卡小学已基本实现内外联动的合作。

本章小结

幸福本身并不能保证成功。然而,正如挪威的阿伦斯洛埃卡小学所表现的那样,从重视全人发展教育的层面思考合作,结合来自世界各地的学校改进经验(从卡根策略到加拿大安大略省的合作经验交流),就能在很大程度上改善学生的学习效果。作为学校的领导者,莉娜对学校和社区的文化情境认识深刻,并将文化情境作为教育变革与改进的基础和杠杆。她还清楚地认识到,当教师被赋权,他们就能够团结在一起做很多事情。但是,最重要的也许是思考合作如何使学生和教师都受益,以及如何通过开展整体合作,让一所学校及其内外教育系统不断通过学习发生改变。

第六章
哥伦比亚农村地区的合作教学变革

挪威阿伦斯洛埃卡小学是一个合作专业主义的例子,它得益于多个合作伙伴的共同努力;得益于资源及环境支持,尤其是通过开展国际合作和培训等让合作资源得以充分利用;还得益于合作的开展与教师时间分配的密切配合。这是不是意味着合作专业主义需要建基于丰富的物质资源之上呢? 在欠发达经济体的社会情境中,尤其对许多农村地区的教师来说,他们的工作状态通常是彼此孤立的。在这样的地区合作就无法实现吗?

1976 年,一位出生于教师家庭的拉丁美洲女性对此表示不信。她叫薇姬·科尔伯特(Vicky Collbert),24 岁那年从斯坦福大学获得两个硕士学位后返回家乡,投身于改变贫困地区教育的行动。之后,无论是在哥伦比亚的各个城市,还是在世界其他地方,她的教育愿景都很鼓舞人心,并在 2.5 万多所学校践行。[①] 2013 年,科尔伯特成为首位获得有"教育界的诺贝尔奖"之称的 WISE 教育奖的人。她用了近 40 年的时间,成功改变了家乡哥伦比亚及世界 16 个国家贫困地区儿童的学习。2017 年,她成为首届"一丹奖"得主,获得 400 万美元的奖金,这是对她在教育发展领域做出全球贡献的表彰。

[①] WISE Initiative. (2017). *Vicky Colbert—Escuela Nueva*. Retrieved from https://www.wise-qatar.org/vicky-colbert.

一、新式学校网络的愿景

无论一个合作行动可能会发展成什么样，大多数社会运动都始于一两个听起来毫不起眼或不切实际的个人梦想。[①] 若干年前，科尔伯特还是 20 来岁的年轻人时，她就认识到："若没有高质量的基础教育，世界上任何国家都难以取得成就。社会发展、经济发展、和平与民主，所有这些都难以成为现实！教育是唯一的解决途径。"[②]为了让哥伦比亚农村地区的孩子有机会学习，她和同事们共同工作，教孩子们体认到参与、民主与共同体的力量。科尔伯特和她的同事奥斯卡·莫戈隆（Oscar Mogollon）、贝丽尔·莱温格（Beryl Levinger）等都表示，他们不仅希望通过发展更公平、更卓越的基础教育来改善哥伦比亚农村地区教育的整体表现，还希望变革学校教学方式，为成千上万的贫困弱势儿童提供更有意义和价值的教育。

对新式学校网络的创始人之一薇姬·科尔伯特来说，这一模式是她一生的工作，她坚持至今，从前那位年轻的理想主义者，如今成了孩子们眼中"和蔼可亲的奶奶"。[③] 在一个因暴力、毒品、腐败而四分五裂的国家，她和同事首开先河，在最不可能的环境中开发出以学生为中心的、民主的学习与教学模式。

---

① Hargreaves, A., Boyle, A., & Harris, A. (2014). *Uplifting Leadership: How Organizations, Teams, and Communities Raise Performance*. San Francisco, CA: Jossey-Bass.

② Kamenetz, A., Drummond, S., & Yenigun, S. (2016, June 9). The One-room Schoolhouse That's a Model for the World. *NPR Ed: How Learning Happens*. Retrieved from http://www.npr.org/sections/ed/2016/06/09/474976731/the-one-room-schoolhouse-thats-a-model-for-the-world.

③ WISE Initiative. (2017). *Vicky Colbert—Escuela Nueva*. Retrieved from https://www.wise-qatar.org/vicky-colbert.

获得 WISE 教育奖后,科尔伯特接受了《纽约时报》的专访,她回顾了构建新式学校网络的契机:

> 看到这些孤立无援、无人问津的学校,为什么我们还要通过等待政府自上而下的教育改革来实现改变呢?我们自己也可以发动自下而上的变革,方式就是改变课堂,和农村教师合作,提升教师们的士气,改善学校教育成果,拓展学校教育资源。[①]

二、新式学校网络中的学习

卡洛斯(Carlos)在新式学校网络任教大半生。和科尔伯特一样,在卡洛斯眼里,新式学校网络"已成为生活的一部分"。[②] 在过去 12 年里,他教过六个年级的学生——从小学到中学。这一切都发生在安第斯山脉一所偏远农村学校的教室里。我们进入这所学校后,学生会主席,一位中学生模样的男孩前来迎接我们。而后,秘书向我们简单介绍了这所学校,告诉我们学生们正在根据学习指南研究数学和阅读,他们对于探索学校的花园特别有兴趣。我们看到学生们为自己的学校感到骄傲,他们以开放的心态欢迎我们的到来。在不同年级学习指南的引导下,学生们各自按照自己的节奏学习课程内容。卡洛斯和高年级学生会在必要时指导和帮助他们。卡洛斯将孩子们在学校花园中的经验探索与学习指南中

---

① Hamdan, S. (2013, November 10). Children Thrive in Rural Colombia's Flexible Schools. *New York Times*. Retrieved from http://www.nytimes.com/2013/11/11/world/americas/children-thrive-in-rural-colombias-flexible-schools.html?mcubz=0.

② 从本处开始,除特别标注外,本章所有引用都是基于 2017 年 5 月的一次研究访问的采访和观察笔记。

的数学、阅读和科学课程内容联系起来。这些课程内容按不同年级编排。在这样一个高度合作的学习环境中，教师支持学生学习和探索，朋辈学生之间也互相帮助。

户外森林里一片生机勃勃。卡洛斯和学生们把这个环境变成混龄教室（见图 6.1）。专门有一块空地供学生们观察和记录鸟类活动。种植胡萝卜和其他根茎类蔬菜的盆栽整齐摆放。正如一位参观者所述："这些种植品种都可以直接带回家和父母分享。"[①]校

图 6.1　学生在户外花园里探查植物

---

① Kirp, D. (2015，February 28). Make School a Democracy. *New York Times*. Retrieved from https://www.nytimes.com/2015/03/01/opinion/sunday/make-school-a-democracy.html?_r=1.

园后面有一个改造过的运动场,供学生们课间休息时踢球。在这里,大自然和体育运动不仅不可或缺,还构成了学生学习数学、科学和阅读课程的内容——这些课程学习因与学校户外环境相关联而更接地气。简言之,在这所学校中,学生的学习无所不在,无时无刻不在发生。

参访期间,卡洛斯的校长纳尔达(Narda)——她同时管理着本地区几所小型学校——骑着摩托车来学校,然后她摘下了头盔。与卡洛斯和学生们一样,纳尔达也为这所学校感到自豪。我们一起在校园中散步,一位年纪尚小的学生向我们介绍了学校正门的壁画(见图 6.2)。

图 6.2 一位年纪尚小的学生正抬头看学校正门的壁画

这是一张学生们自己用五颜六色的涂料绘制而成的当地地图,记载了每位学生和教师家庭居住的位置和当地自然环境的地标。这就是新式学校网络中的学习、教学和文化生活的写照。

新式学校网络的愿景是构建一个合作性的、相互关联的、富有吸引力的、体验好的、充满灵活性和个性化的学习环境,在这里,所有孩子都可以"按照自己的节奏"进行课程学习。"对我们来说,课程之间的相互关联至关重要,"科尔伯特解释道。[①] "我们需要专门为农村地区学生设计课程。"学校教师也经常围绕跨学科项目来组织课程学习,比如对学校周围的鸟类展开跨学科探究等,一方面为学生们学习生物奠定基础,另一方面也为他们的描述性写作提供机会。这类跨学科学习和教学是参与性的。学生们共同观察、共同呵护、共同创造学校的花园、观鸟天文台和其他能够让他们持续探索自然的学习环境。

科尔伯特坚持认为这并不是新的教学方法。[②] 新式学校网络汲取了已有教学方法中比较好的部分,进行翻新或者创新,并将这些方法放到拉丁美洲的教育情境中去运用和调试。在世界教育史上,拉丁美洲素来享有特殊传统,比如 20 世纪 60 年代的巴西教育家保罗·弗莱雷(Paulo Freire)就是一个传奇。[③] 科尔伯特指出,拉丁美洲学校教育的价值观向来重视参与性。这种价值观

---

① The Atlantic Rim Collaboratory. (2016). *Vicky Colbert*. Retrieved from http://atrico.org/thought-leaders/vicky-colbert/.

② 讨论新旧教学法的优劣,参见 For a Discussion of Old and New Pedagogies in Relation to Good and Bad Pedagogies, see Fullan, M., & Hargreaves, A. (2016). *Bringing the Profession Back in: Call to Action*. Oxford, OH: Learning Forward. Retrieved from https://learningforward.org/docs/defaultsource/pdf/bringing-the-profession-back-in.pdf.

③ The Atlantic Rim Collaboratory. (2016). *Vicky Colbert*. Retrieved from http://atrico.org/thought-leaders/vicky-colbert/.

至少可以追溯到一个世纪前的美国哲学家、教育家约翰·杜威（John Dewey）。① 通过开展学校治理、学校选举，设立学校委员会，发挥教师在课堂教学中的领导力，"让课堂成为学习如何参与民主社会生活的地方，"科尔伯特解释说，"在教育哲学讨论中，我们所做的一切绝非创新，但我们确实在尝试将这些教育哲学的价值观在拉丁美洲教育情境中实施推广"——特别是鼓励拉丁美洲的教师向其他地区的师生学习，革新他们的教学模式。在《纽约时报》的一篇文章里，戴维·基尔普（David Kirp）解释道："若初来乍到的教师不熟悉这里的教学方法和模式，让教师们明白如何开展教学的往往是这所学校的学生。"②

在新式学校网络中，个性化学习与合作学习对于培养民主能力至关重要。在社会局势冲突不断的文化情境中，和平与公民身份是学校课程的重要组成部分。直到 2017 年，哥伦比亚政府与哥伦比亚革命武装力量（FARC）才最终达成和平协议。在这种背景下，和平与公民身份不应该处于阅读和数学等基础学科课程的边缘位置，而应是构成未来年轻人个性完整的重要组成部分。科尔伯特和同事看起来很同意亚当·斯密（Adam Smith）的说法，即"同情是民主的基本情感"③。

不过，新式学校网络的课程教学并不沉闷。在"以学生为中心的模式"中，孩子们"通过游戏和互动开展学习"。"他们交流广

① Dewey, J.（1916）. *Democracy and Education: An Introduction to the Philosophy of Education*. New York, NY: Macmillan.

② Kirp, D.（2015, February 28）. Make School a Democracy. *New York Times*. Retrieved from https://www.nytimes.com/2015/03/01/opinion/sunday/make-school-a-democracy.html?_r=1.

③ Smith, A., & Hanley, R.（2009）. *The Theory of Moral Sentiments*. New York, NY: Penguin Books.

泛,"科尔伯特解释道。^①新式学校网络的一位教师是这样认为的:

> 孩子们是快乐的、活跃的、闹腾的。我们不能强迫他们学习东西,因为每个孩子都有自主性。他们是自己学习的领导者。他们在玩的时候更快乐,更爱彼此,也更幸福。孩子们总是在玩中学,在参与自己的教育。^②

新式学校网络课堂教学中一个独特的学习方法是较好地运用低成本低技术的学习指南——一些介于教科书和工作表之间的导学材料——支持学生根据自身的学习节奏调整学习步调和进程。但这一教学方法的效果,即学生最终展现出的学习连贯性、经验性、灵活性及合作参与性等,很大程度上取决于教师。那么,新式学校网络如何支持教师的专业学习及实践探索呢?

三、新式学校网络中的教师

新式学校网络乃至整个合作专业主义的一个显著特点是,学生学习的方式与教师学习、工作和改进的方式所遵循的哲学基础、伦理价值和实践模式具有一致性。合作专业主义不会强迫教师运用民主对话式教学法开展教学,尽管过去在其他地方,他们经常被要求这样做。^③合

---

① The Atlantic Rim Collaboratory. (2016). *Vicky Colbert*. Retrieved from http://atrico.org/thought-leaders/vicky-colbert/.

② WISE Initiative. (2017). *Vicky Colbert—Escuela Nueva*. Retrieved from https://www.wise-qatar.org/vicky-colbert.

③ Gross, N., Giacquinta, J. B., & Bernstein, M. (1971). *Implementing Organizational Innovations: A Sociological Analysis of Planned Educational Change*. New York, NY: Basic Books.

作专业主义不会让教师在不改变现有课堂教学情境的情况下,直接根据数据分析实施教学干预,以得到立竿见影的效果。**合作专业主义也不会为了急于让教师在合作过程中成为更好的自己而忽视来自学生的声音和感受。**

科尔伯特和同事知道,他们必须培养一支扎根哥伦比亚偏远农村地区的教师队伍。这支队伍的数量比美国西北农村创新和学生参与合作网络的教师还多。在新式学校网络中,许多教师的工作十分孤立,许多人在学校需同时教授多个年级的学生,他们是学校某学科唯一的任课教师;很多学校条件简陋,甚至只有一间像样的教室。新式学校网络将这些教师引向一种独特的教学模式。这为教师们的工作准备、专业发展和合作支持提供了新的思维方式。

哥伦比亚教育的一个显著特点是权力下放。教师卡洛斯经常独自运作学校多个年级的工作,并和校长纳尔达一起同时为多所农村学校提供支持。权力下放还对教育工作者探寻创新和分享观点带来挑战(在数字或虚拟技术可用性有限的情况下)。面对地理空间的障碍,新式学校网络生成了三个相互关联的合作设计特征:

- 初步培训工作坊(workshop);
- 用于教学演示和专业互动的微中心(micro-centers);
- 跨越和超越微中心的网络(networking)。

新式学校网络提供了关于主动教学的初步培训,这是以学生为中心开展教学的核心。正如科尔伯特所解释的,教师与学生同时接触到如合作学习、民主化教学及经验学习等教学和学习的方式。之后,教师在微中心中相互学习,理解这些教与学的方式,并在实践中开展有效教学。

科尔伯特指出:"微中心是参与新式学校网络举办的培训工作

坊之后的后续学习机制。"微中心合作模式源于科尔伯特和同事对教师同伴学习效果的观察，特别是来自农村地区教师们的同伴学习。"教师之间相互支持，这样的凝聚力变得如此强大，"科尔伯特说。"教师们相互支持和学习。这是他们走到一起、摆脱孤立状况的唯一出路。"

卡洛斯解释说，微中心的其中一个面向即示范与展示。这是教师开展朋辈学习的组成部分。"我非常欢迎新的教师加入这一模式，这些教师多半对学习新式学校网络模式保持开放的态度。"通过实地观察，初到新式学校网络的教师注意到学生使用学习指南开展合作学习。之后，教师们参与到主动学习中，并不断被提问，逐步能够快速将理论与实践联系起来，思考并构想如何在自己的课堂上开展这样的教学。

除了微中心，新式学校网络的工作人员和支持者还在特定的学校之间或不同州之间建立网络。这些网络通常由参加微中心的教师和那些没有机会定期在微中心聚会研讨的教师组成。我们参与了哥伦比亚金迪奥（Quindío）的一个网络研讨会，加入到来自哥伦比亚全国各地大约 30 名教育工作者的聚会中——他们中的许多人骑着摩托车赶山路来参加研讨会（见图 6.3）。彼时，哥伦比亚公共部门雇员（包括教师）正在罢工，但令协调员米里亚姆（Myriam）惊讶的是，教师们还是来了。如教师们所说，在网络和微中心开会研讨如此重要，以至于他们宁愿放弃罢工也要参与会议。

卡洛斯担任新式学校网络主席，类似于学校中的学生会主席。他宣布会议开始。教师向远道而来参会的同行介绍了他们如何在各自学校情境中开展主动教学。其中两位教师谈到如何利用学校

图 6.3　合作网络

五月的一个上午，会议进行中。薇姬·科尔伯特坐在最右边。

的后花园开展主动教学——教师和学生共同种植农作物去市场上出售，在此期间，他们有机会一起探讨经济学知识。

接下来，教师们共同反思参与网络和微中心的学习和研讨。时间花得值吗？有什么变化？这样的参与是否增进了他们对新式学校网络教学模式的理解？这是否改善了他们自身的教学和学生的学习？尽管教师们对这样的教学模式充满热情，但他们对孤立的工作环境、农村学校的资源匮乏及政策关注欠缺带来的阻碍亦感到不满。罢工问题近在眼前。教师们谈话间语速加快，甚至情绪都激动起来。他们对教育不公平问题的关注度不亚于对儿童本身的关注度。教师们身上天然具有的拉丁美洲知识分子精神散发了出来。他们的热情、政治敏锐度和专业精神都融入在这些生动的对话中，构成了独特的合作专业主义文化。

四、影响

进步主义、以学生为中心的教学实践经常遭到批评，被认为是对教育浪漫主义者的放纵，并无任何实质效果。然而，新式学校网络的证据显示，这一教学实践是有效的。世界银行的一项研究发现，在这种以学生为中心的合作环境中学习的哥伦比亚学生，其学业表现通常优于在传统公立学校中学习的学生。[1] 联合国教科文组织的另一项研究也发现，哥伦比亚在帮助和促进农村地区学生发展方面比除古巴外的其他拉丁美洲国家都做得好。[2] 针对不同年龄段学生和不同学校开展的研究得出的一致发现是，主动教学和民主式学习模式对公民行为[3]、制度协商及和谐共处等方面都具有积极影响。[4] 对哥伦比亚这样一个经过几十年暴力冲突的国家来说，这本身就是一项重大成就。

---

[1] Psacharopoulos, G., Rojas, C., Velez, E., & World Bank. (1992). Achievement Evaluation of Colombia's Escuela Nueva: Is Multigrade the Answer? Policy Research Working Papers. Retrieved from http://documents. worldbank. org/curated/en/887031468770448877/pdf/multipage.pdf; 更多研究发现，见 Shirley, D., Fernandez, M. B., Ossa Parra, M., Berger, A., & Borba, G. (2013). The Fourth Way of Leadership and Change in Latin America: Prospects for Chile, Brazil, and Colombia. *Pensamiento Educativo*, 50 (2). Retrieved from http://pensamientoeducativo. uc. cl/index.php/pel.

[2] Cassasus, J., Cusato, S., Froemel, J. E., Palafox, J. C., & UNESCO. (2000). First International Comparative Study of Language, Mathematics, and Associated Factors for Students in the Third and Fourth Grade of Primary School (2nd report). *Latin American Laboratory for Assessment of Quality in Education*. Retrieved from http://unesdoc.unesco.org/images/0012/001231/123143eo.pdf.

[3] McEwan, P. J. (2008). Evaluating Multigrade School Reform in Latin America. *Comparative Education*, 44(4), 465 - 483.

[4] Luschei, T. F. (2016). Translating *ubuntu* into Spanish: Convivencia as a Framework for Recentering Education as a Moral Enterprise. *International Review of Education*, 62(1), 91 - 100.

五、设计

新式学校网络是由两种教学法组成的有意义的学习设计：一种是转变性学习和教学法，另一种是建立合作专业主义推进系统性变革的教学法。[①] 新式学校网络设计重视教师和学生在构建创新、参与社会整体性教与学变革过程中自身知识和能力的提升。这一设计为教师们提供培训，为学生提供学习指南，还为建立微中心和合作网络提供支持。教师们深谙合作，并支持学生之间开展合作。那些没有接受这类新式学校网络领导者培训的教师多半只能在课堂上单打独斗。要知道，学校组织系统需仰仗一批骨干教师的支持。

尽管科尔伯特强调，新式学校网络模式相比其他发展中国家的变革策略性价比更高，成本效益更好[②]，但她同时指出，在没有足够的政府资金支持的情况下，整个系统各方力量相互配合、持续支持教师的学习及改变仍然是一件极其困难的事。

资金紧张，时间宝贵。在几乎所有研究中，时间压力都是阻碍教师合作的障碍。[③] 新式学校网络的联络人劳拉·维加（Laura Vega）与微中心及合作网络密切配合，了解到相关问题。她解释道："在偏远地区工作的教师聚在一起时，（一些）校长充分利用了这段时间，让他们一边填写表格文件一边谈论改革。"这一情况取

① Fundacíon Escuela Nueva. (n. d.). *Teoría del cambio* [*Theory of Change*]. Retrieved from http://escuelanueva.org/portal1/es/quienessomos/modelo-escuela-nueva-activa/teoria-del-cambio.html.

② The Atlantic Rim Collaboratory. (2017). *Vicky Colbert*. Retrieved from http://atrico.org/thought-leaders/vicky-colbert/.

③ 例如 Piercey, D. (2010). Why Don't Teachers Collaborate? A Leadership Conundrum. *Phi Delta Kappan*, 92(1), 54-56.

决于校长的决定，包括合作时间是否神圣不可侵犯，不同教育系统中强加的同事合作关系是否存在压力等。

然而，正如许多教师所说的，最终，参与微中心、合作网络甚至主动教学的教师很大程度上都是出于自愿。因为当资源短缺和时间紧迫时，其他问题和需求往往比改革的实施更为紧迫。维加描述了她和同事如何在新式学校网络中不断迭代教学模式以应对挑战："我们正在考虑在培训结束之后如何通过运用数字技术继续为教师提供支持。"这种模式不会取代微中心、合作网络或如卡洛斯这样的教育者非常重视的面对面合作，但会为教师创造更多与熟悉这种模式的新式学校网络工作人员建立联系的机会。这对那些不经常参与微中心，甚至根本不属于微中心的教师来说，尤为重要。

与世界各地农村学校教师一样，哥伦比亚教师通常也没有时间或资源外出观摩、学习其他学校好的示范性做法，或通过微中心及合作网络对自身教学实践进行探究。有时他们会找一些专家进入教室指导课堂教学。如果教师们想外出学习，学校则不得不关闭一天，学生的学习将无法正常进行。最近一段时期，教师因外出缺席还可能使孩子们面临遭受暴力或其他不确定因素影响的风险。保证学生在校安全非常重要。这也是将该模式中的新元素纳入已有模式以更好地支持（而非完全取代）已有模式的原因之一。

当然，新式学校网络的创始者和领导者非常强调其工作的价值。很多障碍都能通过鼓舞人心的领导力及对其教学价值的笃定信念得以克服。例如，纳尔达校长看到了新式学校网络的价值，鼓励教师（如卡洛斯）积极参与微中心的学习和探索，深入认识自身的教学实践,并将好的实践传播给其他教师。但并不是每位校长都如纳尔达一样。用卡洛斯的话说:"所有这些的目标都旨在让新教师爱上这一教学改革模式。"他认为,在充满爱、情感和希望的教学方式的启发下,教师将看到合作的价值,看到更大范围内新式学校网络模式的价值,为教师们更好地扎根于哥伦比亚农村教育铺平道路。

薇姬·科尔伯特、纳尔达和卡洛斯这样意志纯粹、富有个人魅力及坚韧不拔精神的人给偏远农村地区孩子的学习带来了根本性转变。但即便充满希望和意志力,即便有出彩的变革设计,资源稀缺和政府支持的缺席仍然会阻碍新式学校网络(及其他类似的系统创新)带动更多学校持续发展的可能性。新式学校网络[①]有着40年的发展历史,拥有全球支持网络,渗透着拉丁美洲文化独有的热情与笃定。尽管如此,新式学校网络的持续推进依然需要得到政府和教育系统的支持。

本章小结

在资源匮乏的哥伦比亚农村教育环境中,新式学校网络的教学转型模式在始终如一地贯彻教育目标方面并不是完美无缺的。教学转变并不总是与专业合作的强度及适用性相匹配。但在政府资金薄弱、地方经济贫困和孤立无援的情况下,新式学校网络的影响力已超过某些受政府资助的改革项目。这是一种极具成本收益

---

① 参见 Rincón-Gallardo, S., & Elmore, R. (2012). Transforming Teaching and Learning through Social Movement in Mexican Public Middle Schools. *Harvard Educational Review*, 82(4), 471-490.

的变革方式,这种深刻而有说服力的改革路径取代了自上而下的标准化模式,后者其实在很大程度上收窄了农村贫困儿童的学业涉足范围,并在提升其他发展中国家教师的可持续发展能力建设方面收效甚微。最后,对于新式学校网络未来如何发展,如何处理改革过程中遇到的障碍等问题,正在开展合作的教师们依然要做好迎难而上的准备。

新式学校网络浮现出我们在其他诸多合作专业主义设计中发现的特征(见专栏 6.1)。

专栏 6.1 新式学校网络中深层次合作专业主义的特征

- 研讨和行动紧密结合;

- 成效显著;

- 反馈及时;

- 对话坦诚;

- 与学生合作,而不是为了学生而合作;

- 有目标、有意义的学习;

- 持续成长和提升。

此外,新式学校网络合作模式的延伸及长效实施还需注意与发展中国家内外环境的深度融合,具体体现在以下三个方面:

• **一致性**。课堂上的合作性和批判性教学与教师专业合作本质之间的一致性——这也是德拉门市儿童与成人合作学习的一个特点。

• **合作具有文化适切性与响应性**。这类合作以本土学习环境为基础开展自然活动和体育活动;承认并借鉴拉丁美洲教育发展传统的智识、教学和文化；重视成人和儿童间对话的价值。

• **个人和集体的作用**。个人和集体在发起并维持强有力的学习与教学专业变革运动中发挥着激励人心的作用。这与政策执行过程中的正当性和规范性有时是背道而驰的。

第七章
加拿大安大略省的专业学习共同体

　　既然专业合作对学生学习有积极影响，那么什么样的专业合作可以在促进教师变革的基础上惠及学生学习？答案之一是构建专业学习共同体。在过去 20 年，专业学习共同体的概念演变跨越了三个发展阶段。新近出现的第三阶段的专业学习共同体概念阐述，与我们论及的合作专业主义不谋而合。

一、第一代专业学习共同体

　　"专业学习共同体"概念最开始由谢利·霍德(Shirley Hord)教授在 1997 年提出。目前来看，对这个概念的基本认识业已成型，渗透在多种合作类型——如精心设计的合作文化[①]、实践共同体(communities of practice)[②]、学习型组织(learning organizations)[③]、专业共同体(professional communities)[④]等——的反思对话中。[⑤] 从开始到现

---

① Fullan, M., & Hargreaves, A. (1992). *What's Worth Fighting for? Working Together for Your School.* Toronto, Ontario, Canada: Author; Lieberman, A. (1990). *Schools as Collaborative Cultures: Creating the Future Now.* New York, NY: Falmer Press.

② Wenger, E. (1998). *Communities of Practice: Learning, Meaning, and Identity.* Oxford, UK: Cambridge University Press.

③ Senge, P. (1990). *The Fifth Discipline: The Art and Science of the Learning Organization.* New York, NY: Currency Doubleday.

④ Talbert, J. E., & McLaughlin, M. W. (1994). Teacher Professionalism in Local School Contexts. *American Journal of Education*, 102(2), 123–153.

⑤ Louis, K. S., & Kruse, S. D. (1995). *Professionalism and Community: Perspectives on Reforming Urban Schools.* Thousand Oaks, CA: Sage.

在，专业学习共同体的本质体现在以下几方面。

- 在共同体情境中，教育者们聚在一起，致力于共同促进学生及专业同行的学习和发展。

- 通过创设旨在促进学习的共同体，改善学生的学习。教师持续投入专业学习的过程中，学习共同体自身也在集体探究和问题解决中不断学习及更新（而不是仓促做一个判断）。

- 在这样的专业学习共同体中，教师们重视并不断提升专长，尊重但不盲信与学习及教学相关的讨论和证据，为提升专业实践而展开的对话和反馈都更为深入、直接、切中要害，也不会为了回避冲突而停留于礼貌的寒暄。

二、第二代专业学习共同体

1998 年，前美国学校总监里克·杜弗尔（Rick DuFour）和合作者鲍勃·埃克（Bob Eaker）出版了第一本有关专业学习共同体的著作，这也是众多较有影响的专业学习共同体著作中的一本。这是作者近 20 年间在全球各地教育系统内部通过工作坊等方式不断推广专业学习共同体的思想结晶。书中详述了一系列理论和实践工作，尤其是众多教育系统内部及学校管理者对这一概念的不断丰富，发展出第二代专业学习共同体。

杜弗尔对专业学习共同体[①]的解释成为全球学校及学校领导者广泛采纳的经验。他提出了专业学习共同体的三个核心原则：

- 关注特定学生的学习目标和教学干预。教师通过及时调整

[①] DuFour，R.（2004）. What Is a "Professional Learning Community"? *Educational Leadership*，61(8)，6-11.

教学,实施教学干预以改进学生学习;

- 通过构建合作文化,使教学公开化,实现教学实践的去私有化;
- 关注学生学习及学业成就,基于形成性评价策略及学习数据,为改进教与学提供具有针对性的建议。

从北美和英国学者的文献综述可以看出,总体上,专业学习共同体对教师及其学生学业成就具有积极影响。[①] 然而,在美国及其他一些地方,杜弗尔教授倡导的专业学习共同体模式作为有助于迅速提升学校及整个教育系统中学生学业成就的策略得到广泛推广。这使得专业学习共同体经常被视为或等同于以改善学生标准化学业考试成绩为主的短期干预策略。

就像电影《星际迷航》(Star Trek)第二部不如第一部精彩一样,第二代专业学习共同体的论述也比第一代的逊色。黛安娜·伍德(Diane Wood)对一个学区的研究表明,在高风险问责驱动和学区教育督导任期较短的情况下,专业学习共同体的推行直接依赖高层领导的权威,这种情况有可能破坏教师的自主性。[②] 学校也无法留出足够的时间推动和支持教师开展健康有序的实践探究。

作为一种专业发展策略,专业学习共同体广受教育系统领导者和专业发展专员的青睐,但教师不喜欢它。也因此,尽管第二代专业学习共同体已在许多教育系统中推广,教育领导者却常常

---

① Stoll, L., Bolam, R., McMahon, A., Wallace, M., & Thomas, S. (2006). Professional Learning Communities: A Review of the Literature. *Journal of Educational Change*, 7(4), 221-258; Vescio, V., Ross, D., & Adams, A. (2008). A Review of Research on the Impact of Professional Learning Communities on Teaching Practice and Student Learning. *Teaching and Teacher Education*, 24(1), 80-91.

② Wood, D. (2007). Teachers' Learning Communities: Catalyst for Change or a New Infrastructure for the Status Quo? *Teachers College Record*, 109(3), 699-739.

窄化对其目标的理解,仅将发展专业学习共同体视为提升学生学业成就的短期策略。

三、从第二代专业学习共同体到第三代专业学习共同体

目前,在世界诸多地方,专业学习共同体的发展正逐步进入第三代。加拿大安大略省的实践就是第二代专业学习共同体(专注于提高学生学业成就的短期策略)向第三代专业学习共同体(专注于深入持久和系统性地构建协作探究文化,拓展教师对学生全面发展的浓厚兴趣)转变的代表。

在过去几年,这种转变在加拿大基瓦廷-帕特里夏(Keewatin-Patricia)学区体现得十分明显。该学区在安大略省的西北部,拥有17所小学和6所中学,面积与遥远的法国领土差不多。基瓦廷-帕特里夏的地理位置决定了其工作、生活环境与国际大都会如多伦多等大城市的相去甚远。每年一月的寒冬,当你乘坐贝尔斯金航空公司的飞机穿越这一带,脚下广袤陆地上的温度通常在零下20摄氏度左右。这里的文化和社区情况也与多伦多不同。在这里,超过50%的学生是印第安人、梅蒂斯人和因纽特人等原住民。[①]

① Alphonso, C. (2017, June 23). In Northern Ontario, an Indigenous Pupil Finds Hope for Success with a Coach in Her Corner. *Globe and Mail*. Retrieved from https://www. theglobeandmail. com/news/national/education/indigenous-education-northern-ontario-graduation-coaches/article35443965/? utm _ source = twitter. com&utm _ medium = Referrer:+Social+Network+/+Media&utm_campaign=Shared+Web+Article+Links.

Keewatin Patricia District School Board. (2014). *About the KPDSB*. Retrieved from http://www. kpdsb. on. ca/pages/view/about-the-kpdsb; Wangia, S. (in press). Keewatin-Patricia Case Report. In A. Hargreaves & D. Shirley (Eds.), *Leading from the Middle in a New Educational Age*. Toronto, Ontario, Canada: Ontario Council of Directors of Education; Welch, M. J. (2012). *Districts' Experiences Balancing Inclusion, Accountability, and Change: Mixed-methods Case Studies of Implementation in Ontario and New Hampshire* (Doctoral dissertation). Retrieved from ProQuest Dissertations Publishing (3518164).

在这片广袤的区域,绵长的冰面总会阻挡你前进的路。但这样的环境却提供了打冰球的好机会。冰上曲棍球,或北美人的普通曲棍球,都是加拿大人的国民消遣。据说很多在加拿大出生的婴儿先学会滑冰,而后才学会走路。史蒂夫·杜蒙斯基(Steve Dumonski)是一名冰球教师兼教练。他在基瓦廷-帕特里夏地区一所青少年曲棍球学院任教。该学院曾受到加拿大广播公司(CBC)的国家电视新闻的关注和赞誉。①

"当您遇到令人头疼的孩子时,您就带孩子来滑冰。他会对此感到兴奋。这就是我在这里做冰球教练的原因。"史蒂夫说。史蒂夫和同事们注意到,那些在常规学校中较少或几乎未取得学业成功的学生,竟然在滑冰运动中展现出令人震惊的表现。他们对滑冰运动积极性高,兴趣十足,在滑冰过程中甚至展现出较好的领导能力。教育工作者开始想知道,孩子们在滑冰运动中表现出的能力如何能迁移到学习环境中,包括常规学校的学习环境。

这不是一件容易的事。这一地区的民众有着丰富的传统文化。生存环境偏僻,令人望而生畏。与许多其他国家一样,加拿大的原住民社区历史上也受到过很多不公正对待。政府把孩子从父母身边带走,送入严酷的寄宿学校,迫使他们放弃自己的语言和文化,将社区搬离传统的狩猎场。甚至在北极圈附近的社区捕杀原住民祖祖辈辈用以抵御饥饿、维护安全的猎狗。② 尽管加拿大政府

---

① Keewatin Patricia District School Board. (2016, January 22). *CBC News: The National—The KPDSB Hockey Solution* [Video file]. Retrieved from https://www.youtube.com/watch? v=T721qBLlA8A.

② Kirkness, V. J. (1999). Aboriginal Education in Canada: A Retrospective and a Prospective. *Journal of American Indian Education*, 39(1), 14 - 30; Miller, J. R. (1996). *Shingwauk's Vision: A History of Native Residential Schools*. Toronto, Ontario, Canada: University of Toronto Press; Schissel, B., & Wotherspoon, T. (2003). *The Legacy of School for Aboriginal People: Education, Oppression, and Emancipation*. Don Mills, Ontario, Canada: Oxford University Press.

现已成立和解委员会以消除该国的历史遗留问题，但整个原住民社区在遭受多重创伤后，各类问题仍然存在，包括极端贫困、高失业率、健康受损（如听力受损）、家庭破裂、酗酒吸毒、药物成瘾等。此外，原住民社区中还长期存在青年自杀率高和教育程度低等社会困境。

加拿大基瓦廷-帕特里夏地区的很多学校中，超过 80%—85% 的学生为原住民。从数据记录看，四年内非原住民毕业生占 88%，而原住民学生仅有 53% 毕业。[①] 在加拿大安大略省的 EQAO 标准化考试中，该地区只有 24% 的六年级学生达到了 2016 年制定的数学达标要求，而加拿大安大略全省的平均达标水平约为 50%。同样，该地区学生的写作和阅读得分达标率分别为 56% 和 54%，远低于安大略省全省 80% 和 81% 的平均达标率。[②]

2010 年，我们与同事马特·韦尔奇（Matt Welch）对该学区展开研究。这个学区的教育领导者[包括当时的特殊教育总监肖恩·蒙蒂斯（Sean Monteith）]十分敬业，他们努力使学生们学习并了解自身独特的原住民文化。当地一所学校的地板上刻着七种原住民文化教义的符号：求真、友爱、尊重、谦卑、诚实、智慧和勇气。

---

① Protopapas, G. (2015, April 15). KPDSB to Focus on Grad Rates of FNMI Students. *Kenora Online*. Retrieved from https://www.kenoraonline.com/local/12561-kpdsb-to-focus-on-grad-rates-of-fnmi-students; Wangia, S. (in press). Keewatin-Patricia Case Report. In A. Hargreaves & D. Shirley (Eds.), *Leading from the Middle in a New Educational Age*. Toronto, Ontario, Canada: Ontario Council of Directors of Education.

② Education Quality and Accountability Office. (2016). *School Board Report*. Retrieved from https://eqaoweb.eqao.com/eqaoweborgprofile/Download.aspx? rptType = PBS&_Mident = 28045&YEAR = 2016&assessmentType = 3&orgType = B&nF = qSFRsUhIZuVYVlyFwJBf~fslash~~plus~EV5z; Wangia, S. (in press). *Keewatin-Patricia Case Report*. In A. Hargreaves & D. Shirley (Eds.), *Leading from the Middle in a New Educational Age*. Toronto, Ontario, Canada: Ontario Council of Directors of Education.

肖恩和当时的学区主任都认为,眼下面临的首要问题是解决学区内学生学业表现较差的问题,尤其是他们在读写和语言方面面临的困难。肖恩和同事深受里克·杜弗尔等人关于建立和实施专业学习共同体工作的影响和启发。专业学习共同体的构建促进了教师之间针对自身实践的问题、原住民学生的需求和学生学业表现数据等问题展开合作,进行"开放而诚实"的对话。[①]据肖恩所述,该地区的专业学习共同体一直都是"教师和学校领导者开展专业合作的平台,现已持续了大约 15 年之久"。[②] 在校长带领下,教师们在特定时间分享精彩的观点、有效的教案和教学工作实例。他们相互合作完成任务,包括使用适当的指标对学生的作业进行评分,提高学生的写作水平等。

　　对教育督导而言,推动专业学习共同体的主要原因是为了提高学生的学业成就。在某些教师看来,很多学生入校时连沟通表达都成问题——孩子们几乎说不清楚话。很多学习障碍源自胎儿时期,由母亲酗酒中毒导致。这些问题是不可能通过教育彻底改变的。但是,一旦教师不得不参与校内外同事的互动,尤其是与特殊教育的教师展开互动,他们对学生学习能力的深层信念就会被打破。教师们对如何更为合理地评价学生的学业成就有了与从前大不相同的认识。教师们对互动文化诉求越来越高,正如其中一位教师所坦言的:"作为专业人员,当我们对某些事感到有困惑或需要寻求帮助时,我们(现在)可以大方地走进别人的办公室

[①] Welch, M. (2011). *Keewatin-Patricia District School Board Case Study, Internal Project Case Report*. Chestnut Hill, MA: Boston College, p. 9.

[②] 从本处开始,除特别标注外,本章所有引用都是基于 2017 年 1 月的研究中的采访和观察笔记。

与其探讨。"①

对教师来说,专业学习共同体始于一项由行政直接领导、旨在提升学生公开考试成绩的任务。②教师免不了要应对来自 EQAO 考试的压力,让孩子们"为应对考试进行大量刷题"③。区域教育管理人员都有强烈的紧迫感,放弃出了问题找借口的念头。其中一位行政人员指出:"你不能将学生整体学业成就下滑归结为原住民学生数量越来越多。"④一些教师对考试感到"恐惧"。⑤ 一位区域教育协调人员这样描述:

> 很显然,教师们比从前感受到更多外部问责的压力,来自高一级教育主管部门的压力也逐年增大。校长定期随班听课,亲自巡视教室,关心教师们有没有做出改变,譬如校长希望在课堂上看到阅读引导教学的证据。面对诸多压力,教师们也必须做出改变。⑥

在专业学习共同体中,教师被不断要求对学生 EQAO 考试分数进行反思和讨论。压力显著激增。这样的专业学习共同体呈现出典型的"第二代"特性。回顾这段时期,在收到我们一个研究团队的反馈后,一位特殊教育督导坦言,因为执着于学生的未来发展有些过头,他自己有时可能过于激进了。他意识到:"自己原本想

---

① ② Welch, M. (2011). *Keewatin-Patricia District School Board Case Study, Internal Project Case Report*. Chestnut Hill, MA: Boston College, p. 19.

③ 同上,p. 21.

④ 同上,p. 22.

⑤ 同上,p. 21.

⑥ 同上,p. 28.

发起的挑战性对话时常令其他教师感到非常压抑。"[①]

即便如此,专业学习共同体的实践已初步从第二代向真正的专业合作演变,其中,越来越多的专业学习共同体由教师自主引领,教师们对学生学习数据及考试成绩的分析处理能力也有所提升。真正的合作文化开始萌发新芽。专业学习共同体超越了仅仅关注成绩数据或汇报优秀学生案例的模式。教师在专业学习共同体的互动中变得更加自在(尽管还不算非常自在)。他们愿意开放课堂,让同事们了解他们在做什么,愿意建立合作关系,愿意尝试同事提出的新想法,相信所有学生都有学习的能力,学习是共同体中每个人的责任。[②]

我们在 2016—2017 年访问了加拿大安大略省。肖恩·蒙蒂斯已成为该学区主要负责人。安大略省教育系统的关注重心从让学生熟练掌握阅读和数学[③],转向安大略省 2014 新愿景——"实现卓越"(Achieving Excellence)。这一愿景旨在解决教育不公平问题,其教育不仅缩小学生学业成绩差异,还更为关注学生自身身份认同及对特殊需要儿童给予更多关注的融合教育。[④]"实现卓越"还把提升学生作为人的整体发展的福祉置于重中之重的位置。在此期间,正如沙内·旺吉亚(Shaneé Wangia)在基瓦廷-帕特里夏

---

① Hargreaves, A., & Fullan, M. (2012). *Professional Capital: Transforming Teaching in Every School*. New York, NY: Teachers College Press, p. 135.

② Welch, M. (2011). *Keewatin-Patricia District School Board Case Study, Internal Project Case Report*. Chestnut Hill, MA: Boston College.

③ Hargreaves, A., & Shirley, D. L. (2012). *The Global Fourth Way: The Quest for Educational Excellence*. Thousand Oaks, CA: Corwin.

④ 参见 Ontario Ministry of Education. (2014). *Achieving Excellence*. Retrieved from http://www.edu.gov.on.ca/eng/about/great.html.

地区的案例研究报告所述①,肖恩·蒙蒂斯本人也不断拓展自身对于"什么对学生和教师来说最重要"这一问题的认识,并将这些认识融入对学生学业测试结果的考虑中。

对加拿大大多数学校董事会来说,EQAO测试仍然具有"指挥棒"效应。学校要为孩子们迎接考试做准备,教室安排布置也需要模拟考试环境。但是现在,正如其中一位教育者所指出的:"教育主管人员也清楚地提醒我们,成绩不是一切。"她继续说,"EQAO并不能说明什么。大家对这一考试成绩的关注度在降低,只会在每年9月分数出来时议论一会儿。"

如今,基瓦廷-帕特里夏的专业学习共同体更专注于提升孩子们的身心全面发展及幸福感。学区层面认识到,**生活愉悦是学生取得好成绩的基础**。这意味着要解决原住民社区中的问题,学校需创建原住民家庭支持工作,包括与家庭合作,让孩子们带食物回家,为他们提供洗衣服务等。这也意味着社区需要建立资源储备支持这些工作。在基瓦廷-帕特里夏,关注孩子的身心全面发展对恢复原住民人格尊严和身份认同危机都至关重要。

现在,该地区的专业学习共同体成员(包括教师、教育助理、学校和地区行政人员、资源管理者以及社区服务提供者)每六周开一次会,讨论管理和改善学生情绪的工具和策略及其使用情况,包括制作带有不同表情的情绪板,阅览包含不同情绪图片的书籍及构建特定情绪的行为模式等。②这样的专业学习共同体不再停留于如何提高EQAO考试成绩这一单一目标,而是延伸到深入开展教育

---

①② Wangia, S. (2017). *Internal Case Report of the Keewatin-Patricia School Board*. Chestnut Hill, MA: Boston College.

行动研究的过程中。

　　现在，学校层面的专业学习共同体的运行主要由教师而非校长主导。事实上，学区内有一所学校出现由教师引领的学习共同体后，教师主导的专业学习共同体即成为整个学区的范式。与这个问题相关的学校位于苏克山（Sioux Mountain），前面提及的曲棍球教练史蒂夫和他的体育组同事就是在这所学校共同创建了一个专业学习共同体。2016 年 5 月，我们拜访了史蒂夫和他的跨学科团队。团队成员正围坐在工作间的笔记本电脑旁，共同商议确定一至八年级学生的曲棍球课程中所体现出的学术和非学术技能，以及这些技能如何转换为标准和评价规则进而迁移到常规课堂教学中。其中一位教师回忆说，从前，该地区的校本专业学习共同体是"一种自上而下的建构，并非合作，也不支持教师们的实践探索与更新"①。如今，该小组教师认为他们成功构建了自己的专业学习共同体，这个学习共同体正在有条不紊地运行。

　　教师驱动的专业学习共同体以巧妙的方式持续运转。"我们正在将冰球运动与其他领域课程联系起来，"史蒂夫解释说，"在科学和数学领域，我们带领学生研究冰刀和棍棒的制造方式，以及冰球为何从棍棒上飞速落下。"②"我们开展曲棍球运动，不断增进体育运动与学科课程之间的相互联系，将曲棍球纳入学科课程内容中，引起学生的学习兴趣。"他继续解释道。曲棍球学院的活动某种程度上也有助于鼓励学生参与学校的学习活动，降低缺席率。

---

　　① Wangia, S. (2017). *Internal Case Report of the Keewatin-Patricia School Board*. Chestnut Hill, MA: Boston College.

　　② Keewatin Patricia District School Board. (2016, January 6). *Hockey Canada Skills Academy—Sioux Mountain Public School* [Video file]. Retrieved from https://www.youtube.com/watch? v=HBDC1pyve18.

用加拿大广播电视台记者的话说："如果不上学或不工作，你接触不到冰球。"[①]学生们明白这一点。"对我来说，听老师的话，努力完成学业，这是一种特权，而不是权利。"另一名学生补充道："曲棍球学院帮助我树立了自信心。"一位高年级学生解释说："曲棍球运动让我逐渐摆脱学业困境，真的，它让我受益良多。"[②]

在基瓦廷-帕特里夏，与曲棍球有关的专业学习共同体向我们展现了专业合作的深层次问题，它也逐步显现出合作专业主义的特征：

- 专业合作应由教师引领，并将重点放在与学生的学习和发展紧密相关联的文化构建上。
- 专业合作应专注于学生的整体发展，而不限于关注学生的认知发展或学业成绩。
- 专业合作不再羞于暴露教师教学实践难题，不再回避专业对话。

教师驱动的专业学习共同体并不意味着校长不参与其中。实际上，校长也经常运用自身的专业知识指导教师讨论。虽然有些专业学习共同体——例如写作和数学学科的专业学习共同体——仍在解决"面包和黄油"等基本问题，但在安大略省，大部分专业学习共同体都开始聚焦更具创新性的议题，如探究曲棍球运动等。

我们参观的两所学校的专业学习共同体都非常关注学生的幸福感、教育公平和身份认同。在加拿大，数十年来，原住民文化被认为与学校正式教育无关甚至是对正式教育的干扰（一种缺陷和

---

①② Keewatin Patricia District School Board. (2016，January 22). *CBC News: The National—The KPDSB Hockey Solution* ［Video file］. Retrieved from https://www.youtube.com/watch? v＝T721qBLlA8A.

耻辱的根源）。如今，原住民文化已愈加广泛而深入地融入学生的课程学习中。教师在课程中用原始的自然捕鱼活动作为例子进行教学。[①]他们向学生介绍如何搭建篝火和庇护所，这使学生的学习与自然甚至野外生存和生活经验联系在一起。学生学习这些课程的效果通常都比较好。这类学习活动还包含北美印第安人为议事、祈神或庆祝而举行的帕瓦仪式（powwows）或讨论会。其间，原住民部落的酋长或长者受邀担任演讲嘉宾，教育督导肖恩也受邀参加安大略省各部落首领举行的讨论会。

这些与原住民生活福祉相关的学习活动不仅对原住民学生很重要，对其他非原住民学生也有益。大城市的教育环境剥夺了许多学生参与自然和户外活动的机会，这反而降低了学生们的学习效率。[②]

肖恩希望专业学习共同体能够将他所有的学生都凝聚在一起。"价值中立并非专业学习共同体应有的样子，"肖恩半开玩笑地说，"当你去探究原住民学生群体为什么喜欢学习某些学科而非其他学科，为什么喜欢某些学校而非其他学校时，你会发现，这才是好的专业学习共同体应有的样子。"肖恩对此深有体会。在加拿大，原住民身份的污名化已持续很长时间，直到最近，肖恩本人才敢公开谈论自己的母亲是原住民这一事实。

当我们以这种方式深入研讨专业学习共同体时，专业学习共

---

① Wangia, S. (2017). *Internal Case Report of the Keewatin-Patricia School Board*. Chestnut Hill, MA: Boston College.

② Louv, R. (2008). *Last Child in the Woods: Saving Our Children from Nature-deficit Disorder*. New York, NY: Algonquin Books; Robinson, K., & Aronica, L. (2018). *You, Your Child, and School: Navigate Your Way to the Best Education*. New York, NY: Penguin; Sahlberg, P. (2017). *FinnishEd Leadership: Four Big Inexpensive Ideas to Transform Education*. Thousand Oaks, CA: Corwin, p. 182.

同体并不会如行政领导者预计的那样，在特定时间范围内按照清晰的运行策略不断推进并呈现出较好的效果。"专业学习共同体的工作是一项苦差事，"肖恩解释道，"教育者、教师和管理人员大多偏爱一个干净整洁、一尘不染的工作环境，但是专业学习共同体经常是混乱无序的，它开始时可能还没有一个明确的目标，结束时可能也没有明确的结果。"

四、省级系统

上述所有这些在一个范围更广的教育系统中是如何运行的？第一，加拿大安大略省基瓦廷-帕特里夏的曲棍球项目得益于社区合作伙伴的资金支持。包括快速启动（Jumpstart）集团在内的组织机构出资为学校购置了曲棍球器材。当地友谊中心的志愿者帮助安装设备，持续追踪无故退出曲棍球队的学生，了解他们放弃的原因（无论是情感上还是行为上的原因）。教师和教练集中精力培养学生们的冰上技能。[1] 两位来自附近一所大学的学生为曲棍球运动的专业学习共同体提供兼职服务，他们协助这些原住民高中生完成冰场内外的学习训练活动。

第二，视频会议技术的不断进步和配有 Skype 设备的笔记本电脑的普及使学生们参与专业学习共同体成为可能。他们平时遇到任何问题都能够在整个学区范围内不同学校间得到实时解决。现在，几乎每所学校都配备了先进的视频会议设备、高分辨率的屏

---

① Keewatin Patricia District School Board. (2016, January 22). *CBC News: The National—The KPDSB Hockey Solution* [Video file]. Retrieved from https://www.youtube.com/watch?v=T721qBLlA8A.

幕及可容纳十余人的讨论间。这使得教育工作者以及那些离家就读寄宿制高中的学生几乎可与家人及其他专业合作伙伴实时联系，这不仅为开会提供了便利，还改变了专业学习的性质，提高了专业学习的质量。如一位学区工作人员所解释的，现在，专业学习"不再是一件需要专门策划和筹备的事情了"。

　　　学习变得更加个性化。不必等到把所有同伴召集在一起面对面开会才能开展专业学习。我有更多的机会获得专业知识。我可以随时与董事会上认识的同事沟通交流。我想其他同事也能够在学习过程中结交到不同领域的工作伙伴或诤友。[①]

　　第三，安大略省的政策体系本身也在与时俱进。先前专业学习共同体的关注点主要是每六周一次的集体碰面，让教师们根据标准化测试的分数诊断和分析学生在阅读和数学学习方面的进展情况。自 2014 年以来，"实现卓越"的教育愿景在区域范围内愈加深入人心。这一愿景也被视为整个社区学生的全面发展、幸福感提升和身份认同的重要导向。支撑这一愿景的是合作专业主义的原则，这些原则得到当地政府和所有合作伙伴（包括教师联合会及所有与之相关的行政组织）的支持。而合作专业主义原则之关键就是合作探究。[②]

---

① Wangia, S. (2017). *Internal Case Report of the Keewatin-Patricia School Board*. Chestnut Hill, MA: Boston College.

② Ontario Ministry of Education, Student Achievement Division. (2014). Collaborative Inquiry in Ontario—What We Have Learned and Where We Are Now. *Capacity Building Series*. Retrieved from http://www.edu.gov.on.ca/eng/literacynumeracy/inspire/research/CBS_CollaborativeInquiry.pdf.

五、加拿大安大略省的合作探究

针对安大略省近年来合作探究的持续发展,该省教育部的报告指出:

> 通过合作探究,教育工作者共同努力,不断提升对什么是学习(或学习可能是什么)的理解,不断生成有效(或无效)学习的证据,为后续发展做出决策,并采取行动推进教育改进和创新。这之后,又对新出现的问题和挑战展开讨论。值得注意的是,合作探究视教育工作者为理解和推动公平而卓越的教育愿景的重要参与者。[①]

安大略省教育部列出了包括构建专业学习共同体在内的许多合作探究计划。这些计划正在影响数以千计学校学生的数学学习、课程设置以及印第安人、梅蒂斯人和因纽特人的教育等。该文件的起草人说,合作探究没有一个规定好的行动策略或路径。事实上,这呼应了加拿大和新西兰研究者海伦·延珀利(Helen Timperley)、琳达·凯瑟(Linda Kaser)和朱迪·艾伯特(Judy Halbert)的结论:"探究不是一个'项目',而是一种'开拓'或'创新',是一种专业的存在方式。"[②]在省域乃至及世界知

---

① Ontario Ministry of Education, Student Achievement Division. (2014). Collaborative Inquiry in Ontario—What We Have Learned and Where We Are Now. *Capacity Building Series*. Retrieved from http://www.edu.gov.on.ca/eng/literacynumeracy/inspire/research/CBS_CollaborativeInquiry.pdf.

② Timperley, H., Kaser, L., & Halbert, J. (2014). *A Framework for Transforming Learning in Schools: Innovation and the Spiral of Inquiry*. Melbourne, Australia: Centre for Strategic Education.

名的合作探究思想领袖及培训师如珍妮弗·多诺霍（Jennifer Donohoo）的帮助下[1]，该教育部和教师联合会共同支持教师合作探究，希望持续不断地推进变革[2]。这种政策环境使合作探究的模式扩散传播到学区范围内的其他学校，并逐步嵌入由72个学区构成的省级教育系统中。[3] 这也使专业学习共同体随着时间的推移，从一开始由管理人员操控的线性的数据驱动过程演变为更加扎根实践情境、以循证为导向的探究。在安大略省，这样的合作探究已逐步嵌入教师的日常教学工作，成为其教学工作的一种方式。

随着较有影响力的特殊教育督学被提升为该地区的教育督导，在区域领导力高度稳定的情况下，专业学习共同体也获得了长足发展。长期来看，区域领导与学校的专业学习共同体有着深厚联系。伴随学区及专业学习共同体的发展，区域领导也对自身的学习持越来越开放的态度。这一态度保护了区域内专业学习共同体的发展免受辖区管理层不断变动的影响。而在美国及其他地方，这种由管理层不断变动带来的影响是普遍存在的。[4]

---

[1] Donohoo, J. (2014). *Collaborative Inquiry for Educators: A Facilitator's Guide to School Improvement*. Thousand Oaks, CA: Corwin.

[2] Lieberman, A., Campbell, C., & Yashkina, A. (2016). *Teacher Learning and Leadership: Of, by, and for Teachers*. New York, NY: Taylor & Francis.

[3] Hargreaves, A., Shirley, D., Wangia, S., Bacon, C., & D'Angelo, M. (2018). *Leading from the Middle*. Toronto, Ontario, Canada: Ontario Council of Directors of Education.

[4] Daly, A. J., & Finnigan, K. (Eds.). (2016). *Thinking and Acting Systemically: Improving School Districts under Pressure*. Washington, DC: American Educational Research Association; Wood, D. (2007). Teachers' Learning Communities: Catalyst for Change or a New Infrastructure for the Status Quo? *Teachers College Record*, *109*(3), 699-739.

本章小结

自 20 世纪 90 年代末以来,在许多精心设计的专业合作中,专业学习共同体的运用范围最广。杜弗尔和埃克[1]等研究者极富启发性的论著,以及他们在全球范围内面向教育系统及学校开展的专业学习共同体的培训项目,使当前世界各国几乎没有教育工作者从未在实践中听说或体验过某种类型的专业学习共同体。

专业学习共同体理论一开始是一种哲学、一套原则。之后,第二代专业学习共同体理论逐渐演变成一系列规划和管理的行动策略。第二代专业学习共同体理论的演进扩大了其影响力和辐射范围,让许多教育工作者获得了相对明确的行动框架来指导实践。然而,这一框架是以牺牲教育的深度为代价的,尤其是在那些面临高风险测试等问责要求的教育系统中,这种"牺牲"更为明显。然而,随着时间的推移,一个非线性的、复杂的专业学习共同体理论出现了。通过将学生学习的证据与各类专业知识巧妙结合,通过教师及教师领导者深度参与并持续支持学习共同体的日常协作(而不是单纯由学校管理者运用行政手段间歇性推动的协作),专业学习共同体的核心目标转向学生的深层次学习和全面发展。简言之,随着专业学习共同体的深入发展,它已朝着支持卓越、公平、幸福而强大的合作专业主义迈进(见专栏 7.1)。

---

① DuFour, R., & Eaker, R. (1998). *Professional Learning Communities at Work: Best Practices for Enhancing Student Achievement*. Alexandria, VA: Association for Supervision and Curriculum Development.

**专栏 7.1　加拿大安大略省基瓦廷-帕特里夏
地区专业学习共同体的持续推进**

从专注于狭隘的学习和学业成就目标**转为**关注更广泛的学习和人的发展的目标。

从局限于特定时间、地点的不定时开会**转为**常态化、与教师和学校管理者日常工作实践相融合的协作。

从学校管理者根据既定目标进行外部管理**转为**教师根据自身实践中的问题进行自我管理。

从服务外部问责目标**转为**服务学生的需要。

从舒适的文化**转为**约束性的结构，再**延伸为**整合性的结构和文化，这些结构和文化更有助于激发（专业学习共同体中）富于挑战性且建立在相互尊重基础上的专业对话。

第二部分

深入推进合作专业主义

在本书第一部分，我们提出了合作专业主义的论点，阐述了论据，分析了五个合作专业主义的案例。这五个合作案例不仅代表了不同国家和地区专业合作的设计、行动规划和蓬勃发展的合作态势，还较好地体现了我们称之为"合作专业主义"的特征与风貌。

通常情况下，辨清什么不是合作专业主义有助于我们更清楚地理解合作专业主义的实质和内涵。合作专业主义不是没完没了的会议，更不是漫无目的的聚会，或为了其他非专业目的而建群组团。**合作专业主义并非专门执行政策层面下达的任务，不断让教师将精力投注在短期教育干预或项目改进的数据反馈上，从而忽视校长和教师的领导力发展与影响力打造。合作专业主义也绝不是肤浅的讨论、虚假的反馈或错误的褒奖；它不会时时充满乐趣，但也不总是反应迟钝、冗余浮夸、乏善可陈。**

在合作专业主义中，教师对校长领导力及权威既不是绝对服从，也不是对抗。合作专业主义并不具有排他性，亦无意于将不同的专业合作——校内不同学科的学习共同体之间、学校与学校之间、学区与学区之间——对立起来。事实上，充满嫉妒、恐惧和威胁的系统环境无法孕育出真正的合作专业主义。**合作专业主义也不会打压个性发展，不会因为担心威胁到群体中一部分人的利益而压制另一部分人的个人成就。**相反，无论是个人成就还是集体成就，合作专业主义都为之举杯庆贺。

本书接下来将围绕合作专业主义的本质展开讨论。首先，我们列出合作专业主义的十项原则,并结合前述案例对这些原则加以阐释。其次,我们将具体分析在这些合作专业主义案例中,特定的合作设计及合作行动策略如何深入持久地影响学校情境及教学文化变革,特定学校情境及学区教育系统如何支持(或阻碍)专业合作的持续开展。最后,再次回顾一所学校或一个学区合作网络从培育专业合作文化到逐步发展为合作专业主义的共同体之路,那些持续推动合作发展的关键要素遂呼之欲出。

第八章
合作专业主义的十项原则

回顾本研究报告的案例与相关证据,合作专业主义的十项原则使之区别于纯粹的专业合作。图 8.1 展示的正是这十项原则,以下将逐一阐释。

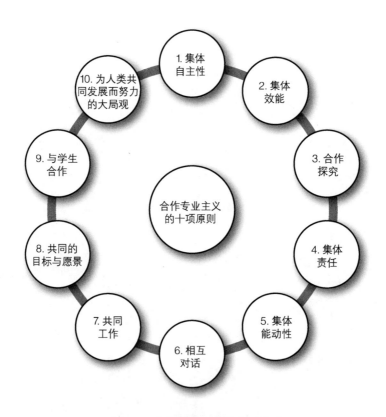

图 8.1 合作专业主义的十项原则

一、集体自主性

集体自主性是指教育者拥有更多自上而下的行政权威之外的独立性，进而逐步走向专业协作。[①] 集体自主性珍视教师的专业判断，这些判断往往源自多样的学生学习证据（而不只是强调学习成绩）。集体自主性绝不意味着走向个体自治。就个体而言，没有教师可以说自己是绝对正确的。相反，教师的工作是开放的，他们彼此开放，收获反馈，相互激发，互相支持。

我们之前讨论过的案例中的教师均被赋权或行使专业权威。相对于行政官僚系统，教师个体始终保持相对自主性，但教师彼此间往往处于相互支持的状态。譬如，哥伦比亚教师在去中心化的教育系统中工作。这样的教育系统虽疏于给予教师足够的外部专业发展支持，却使教师免受来自教育系统的行政干预。就哥伦比亚的教师来看，与其说他们是对教育系统负责，毋宁说是对彼此负责。虽然源自体制的压力与障碍依旧存在，但教师们总能想办法通过彼此的合作来抵御外部问责带来的压力。加拿大安大略省的教育系统鼓励多种形式的合作探究，将合作探究视为教师日常工作的一部分。挪威和中国香港的情况同样如此，学校教师的合作均不受自上而下的行政力量的驱使。美国西北农村创新和学生参与合作网络中的教师将正在从事的工作与教育政策的优先事项结合起来。需要注意的是，该合作网络亦不受任何州一级教育系统的行政管制。

---

① 参见 Hargreaves，A.，& Fullan，M.（2012）. *Professional Capital: Transforming Teaching in Every School*. New York，NY：Teachers College Press.

二、集体效能

自我效能是一种信念表达,表现为个体相信自己能够改变世界,影响世界,实现人生目标。**集体效能同样关乎信念,这种信念强调作为一个集体,我们相信凭借大家的共同努力,我们的学生定能发生意想不到的变化。**[①] 自我效能像电影《小鬼当家》(*Home Alone*)里那个做好防备、抵御盗贼的小男孩;集体效能则类似邻里间通过守望相助共同御敌凝聚的力量。事实上,这一理念最早就是这样产生的。

来自全球的案例中,无论教师还是教育管理人员,大家都相信通过彼此合作能够做得更好,能够对学生学习产生较大的正面影响。在加拿大安大略省,经历了最开始一个阶段对原住民学生学习能力的误解,教师们逐渐意识到,尽管面临环境带来的各种各样的挑战,但这些学生毫无疑问是具备学习能力的。在挪威,教师们凝神聚力于激励学生主动学习,因为从数据显示来看,学生们的学业表现似乎总是在中等水平区间徘徊不前。在中国香港,教师们相信人无完人,但每个人都能通过努力成为更好的自己。这一理念也指导着教师岗位的聘用过程。在哥伦比亚,教育工作者有着不可思议的共同信念,即他们能够并终将为未来的哥伦比亚社会带来和平。

[①] 有关集体效能感的提出,详见 Bandura, A. (1986). *Social Foundations of Thought and Action: A Social Cognitive Theory*. Englewood Cliffs, NJ: Prentice-Hall; Bandura, A. (1997). *Self-efficacy: The Exercise of Control*. New York, NY: Freeman; Bandura, A. (2000). Exercise of Human Agency through Collective Efficacy. *Current Directions in Psychological Science*, 9(3), 75 - 78. 近年来,更多有关集体效能感的讨论参见 Donohoo, J. (2016). *Collective Efficacy: How Educators' Beliefs Impact Student Learning*. Thousand Oaks, CA: Corwin; Hattie, J. (2009). *Visible Learning: A Synthesis of over 800 Meta-analyses Relating to Achievement*. New York, NY: Routledge.

三、合作探究

合作探究过程中,教师们通常在一起探讨实践中的问题、争议或存在的差异,以改进甚至从根本上改变当下正在做的事情。真实世界中,合作探究往往有多种表现形式,如包括合作行动研究或探究螺旋等(此处仅列举两个)。这些探究过程包含相似的步骤,如识别实践中存在的问题,以系统的方式对这些问题进行探究,让实践发生积极改变等。[①] 在合作探究过程中,教师们运用一系列证据佐证或增强自身研究发现的可靠性,基于之前获得的研究经验规划并实施研究计划,而后又推动新的合作探究不断循环。最理想的情况是,合作探究与教学工作各部分相融合。合作探究不是实习教师必须接受的一次性培训——受训结束后,职业生涯中再也不必参与类似活动;合作探究也不应随着外部环境的变化而变化,如随着资助经费后撤,合作探究项目也随即停止。相反,作为所有教师工作中一以贯之和身体力行的一种专业取向和立场,合作探究深深地嵌入在教师教学工作中,体现了教学专业的本质。[②]

在前述案例中,教师们通常先探究问题,后寻求相应的解决之道。美国西北农村创新和学生参与合作网络中,来自不同学校的学生共同开展同伴反馈,其间如发表不当言论,教师们并不会

① Carr, W., & Kemmis, S. (1986). *Becoming Critical: Education, Knowledge, and Action Research*. London, UK: Falmer Press; Hopkins, D. (1993). *A Teacher's Guide to Classroom Research* (2nd ed.). Buckingham, UK: Open University Press; Timperley, H., & Lee, A. (2008). Reframing Teacher Professional Learning: An Alternative Policy Approach to Strengthening Valued Outcomes for Diverse Learners. *Review of Research in Education*, 32(1), 328 - 369.

② Cochran-Smith, M., & Lytle, S. (2009). *Inquiry as Stance: Practitioner Research for the Next Generation*. New York, NY: Teachers College Press.

即刻对学生进行训诫或阻止。教师通常会与学生一起探讨和研究网络礼仪，以更好地开展在线交流和研讨。中国香港粉岭学校的公开课上，教师们在集体备课过程中共同探究，试图找到改进课程教学的方法。在挪威的德拉门市，教师们认真研究数据，从中发现学生学业成就表现不佳的症结所在。正是这些数据告诉教师们学生学习在哪些方面还需要持续努力，尽管相关研究结论有时令教师们也颇感惊讶，比如许多学生在多个能力素养上仅展现出熟练水平，并未持续提升走向卓越。在加拿大安大略省，合作探究为教育部政策所倡导，获得诸多颇有影响力的意见领袖（thought leaders）的支持，从而在政府拨款项目中争取到较多资源。

四、集体责任

集体责任是指人类保有相互帮助、同舟共济的责任和义务。这一责任和义务同样关乎公共服务机构为顾客、委托代理人、患者或学生提供服务所应尽的职责。集体责任是关于"我们的"学生而不是"我的"学生，是关于"我们"所处的整个社区中的所有学校，而不是"我"所在社区的学校。对教育负有集体责任的教育工作者应避免彼此伤害，哪怕是与自身存在竞争关系的学校，也不应将大量有特殊需要的学生推给对方，或想方设法将邻近学校优秀的教师资源挖来为己所用。不仅如此，集体责任的观念意味着，教师们相互帮助，让彼此都得到专业成长，成为更好的自己。学区各学校之间亦是如此。因为只有这样，所有的学校才能变得更好，学区才会越来越强大，孩子们才越有可能在入学前做好充分准备以更好地学习。[1] 对大多数公立学校系统而言，外部问责的要求始终存在，但问责的内容应是减去上述责任后剩下的那一小部分。[2]

全球范围内，在前述合作专业主义的案例中，教师们对彼此负有责任，对他们共同的学生的学习与发展负有责任。在中国香港地区，一节课上下来，其结果的好坏，责任在所有人（而不是仅归于授课教师个人）。在哥伦比亚农村地区的新式学校网络中，如果一名教师感到自己"卡壳"了，学生会上前施以援手。而后，这位教师还可以求助微中心的其他教师同事。加拿大安大略省的冰球教练并不只是负责教孩子们冰球运动，他们还对所有学生的学习和成长负责。在专业学习共同体中，通过与其他学科教师合作，冰球教练们帮助这些学生在学习与成长的各个方面都收获成功。

五、集体能动性

在合作专业主义中，外部发起的行动项目少，但教师的积极性和能动性高。教师们开展合作，教育系统鼓励支持，至少不阻碍教师的合作。每个人都积极行动起来，不用等外部行政机构发号施令才开始做事。每个人也都明白，行动起来，哪怕出错寻求谅解和

---

[1] 有关英格兰哈克尼地方当局以建立集体责任的方式大幅度提高整体表现的讨论，详见 Hargreaves, A., Boyle, A., & Harris, A. (2014). *Uplifting Leadership: How Organizations, Teams, and Communities Raise Performance.* San Francisco, CA：Jossey-Bass. 有关特殊类型学校联盟的有效性的综述，参见 Chapman, C., Muijs, D., & MacAllister, J. (2011). *A Study of the Impact of School Federation on Student Outcomes.* Nottingham, UK：National College for School Leadership.

[2] Hargreaves, A., & Shirley, D. (2009). *The Fourth Way: The Inspiring Future for Educational Change.* Thousand Oaks, CA：Corwin. 该著作表明，集体责任的概念化是在外部问责之前提出的。

改进,也比坐等发号施令更好。教育工作者受诸多创新启发,在实践中尝试创新;在此过程中,学生的投入和热情反过来激励教师们持续探索的热情。这种能动性不是某些教师个人的特立独行,尽管一开始可能受此特质的影响。相反,源自学校及整个教育系统的期待、运作和经费资助等,都有力地推动着教师们参与到实践分享中并有所收获。

我们观察到,在学校及合作网络中,许多教师,有时甚至是学生,挺身而出为实践变革而努力。这些变革能动者向来不等不靠。在加拿大安大略省,教师们持续运作专业学习共同体。在中国香港,新教师为老教师举办工作坊,介绍最新的教学技术。美国西北农村创新和学生参与合作网络的研讨会上,教师们介绍了各自学校的工作,与学生们一同分享各自社区的影像记录。在哥伦比亚,即便时不时遭到来自罢工等社会运动的阻挠,教师们仍然克服困难,坚持聚在一起展开专业合作和研讨。合作专业主义是卓越教师组成的共同体。正是这些卓越的教师个体持续不断地致力于互帮互助,成就了合作专业主义。

六、相互对话

合作专业主义和专业合作的相似之处在于,两者都鼓励教师之间持续地交流和对话。区别之处在于交流对话的类型。两种交流都涉及礼貌寒暄,个人轶事分享;教师们熟知彼此的家人,记得彼此的生日,经常在一起吐槽各自"倒霉的一天"等。这是教师们社交的方式。他们彼此分享自己的想法、经历的故事、遇到的问题等。但合作专业主义远不止于此。教师们的交流和对话关注工作。有的对话进行得困难重重,有的对话在不断探讨和论证过程中被持续激活。教师相互之间真诚反馈,当某些同事搞砸了的时候,其他同事可以直截了当地指出问题所在,如什么时候做错了。在对真实问题一来二去的对话中,在对观念产生的有价值的意见分歧和争议中,在对不同课程材料及学生问题行为的理解和价值诠释中,研讨氛围被一步步营造起来。在这里,对话不是自由放任、漫无休止的讨论,而是不断受到参与者调节并持续推进的深入探讨。与此同时,参与者亦受合作行动策略的保护和约束,他们深知在表达不同意见前,首先要理解和倾听对方。[1]

在中国香港,教师们欢迎参与观摩公开课的同行发表批评意见,给予反馈。事实上,所有准备过类似课程的教师都可分享意见和反馈。所有这些意见和反馈都对改善这门课程本身有益。在加拿大安大略省,曲棍球学院专业学习共同体的教师们掌握了独一无二的冰上运动技能,他们与科学、数学和阅读课的教师们分享这些知识,使学生的学习更具跨学科特性;此外,这些课程内容更能够调动"弱势"原住民学生的学习兴趣。美国西北农村创新和学生参与合作网络中,教师在工作任务式小组合作中不仅相互借鉴、学习,还相互挑战、彼此启发,形成自己的观点和想法,提高自身的教育教学水平,吸引学生投入教学和学习活动中。事实上,其中一些教师甚至很乐意接受挑战,不再觉得自己是课堂上唯一说了算的权威。在哥伦比亚农村地区新式学校网络中,教师们就合作网络的价值和教育政策的局限性展开热烈讨论。挪威的教师尽管一定

① Abrams, J. B. (2009). *Having Hard Conversations*. Thousand Oaks, CA: Corwin; Timperley, H. (2015). *Professional Conversations and Improvement-focused Feedback: A Review of the Research Literature and the Impact on Practice and Student Outcomes*.这是为澳大利亚教学和学校领导学院(AITSL)准备的。

程度上受限于自身的对话方式,但这些对话与交流依然涵盖学校的宏观教育愿景及课堂教学中支撑合作学习开展的微观技术性问题。

七、共同工作

利特尔在她 1990 年发表的一篇经典文章中即提出一种看似简单、实则严谨的概念——共同工作(joint work)。[①] 对此她阐述如下:

> 我用"共同工作"一词描述教师之间的相遇。在这些相遇中,教师们共担教学工作的责任(相互依赖),集体自主性观念深入人心,教师的主动性和领导力在专业实践中得以发挥,专业工作呈现出团队作战的状态。[②]

利特尔认为,共同工作建立在同事合作规范的基础上。该合作规范"有助于对实践及其后果进行谨慎而清晰的探查"[③]。在共同工作过程中,认识与行动相互关联,言语交谈则多以专业实践的探究和改进为目的。

合作确实是一起劳作、共同工作。不同人的参与让一项工作变成所有人共同的工作。这就如同木工行的榫卯,通过共同工作将大家联结在一起,"捆绑"到一块,建构出超越每个个体能力上限

---

① Little, J. W. (1990). The Persistence of Privacy: Autonomy and Initiative in Teachers' Professional Relations. *Teachers College Record*, 91(4), 509-536.

② 同上,p. 513.

③ 同上,p. 522.

的集体成就。正如利特尔所指出的,共同工作有多种形式,但无论哪种形式,共同工作始终意味着群力群策,一起做事,共同创造价值。

在实践中,共同工作的表现形式众多,包括团队教学、集体备课、合作行动研究、结构化反馈、同行评审及学生作业实例讨论等。共同工作包含一系列行动,有时也涉及产品或人工制品(如一节课、一门课程或一份反馈报告等),而且通常有相应的结构性框架、合作工具和行动规则给予支持。

在挪威,共同工作体现在教师集体构建学校质量规划的过程中。在哥伦比亚农村地区新式学校网络中,共同工作包括创建微中心,使教师们能够在微中心相互指导带动。在师生共同建造学校花园的过程中,共同工作也广泛存在。在美国西北农村创新和学生参与合作网络中,共同工作体现在集体备课及网络研讨会等活动中,教师们共同探讨,相互切磋经验。在中国香港粉岭学校,公开课过程中几乎所有环节(计划、修订、呈现和反馈)都是对利特尔教授所谓严谨意义上的共同工作的实践体现。

在这些案例中,共同工作并不是"卷起袖子开始干",如一起批试卷,或代管同事班上最难管理的问题学生。共同工作是一件深思熟虑的事,既包含对话和讨论,又讲求实干。对合作专业主义而言,对话和讨论本身即是工作的一部分。

八、共同的目标与愿景

合作专业主义渴望澄清并孜孜不倦持续推动的共同目标远比学业考试成绩来得重要。合作专业主义致力于实现这样一种教育目标,即鼓励年轻人不断成长,使之获得全人式发展,寻得对自身和社会都有意义的工作,能够自食其力,好好生活。

在挪威,阿伦斯洛埃卡小学的教育愿景是促进年轻人不断成长,学校在人与自然、人与社会和谐共生的环境中蓬勃发展。这一愿景是学校师生自下而上共同构建的,不是源自行政管理的意志强力推进的。美国西北农村创新和学生参与合作网络中,教育者不断为提升学生在学业、生活及社区等各领域的参与度而努力。在加拿大安大略省,当地原住民对包容、平等和尊严的价值追求即是合作专业主义的目标与意义所在。在哥伦比亚,对和平与民主的期待和渴望无处不在。在中国香港,教育的目标和意义是帮助青少年在这个复杂且快节奏的社会环境中形成适应现代社会的优秀品格。不论以上教育目标和愿景孰轻孰重,它们都比提高阅读和数学等科目的考试分数更为重要。

九、与学生合作

教育变革进程中,学生通常是教育变革和教师专业合作的目标和对象,却很少是变革的参与主体。正如我们所发现的,较为深入的合作专业主义展现出师生之间的积极互动,共同推动教育变革的生动样态。从这个意义上说,学生参与合作和来自学生的声音都是合作专业主义需关注的重要层面。

必须承认,并不是我们观察到的所有教育系统及学校都做到了与学生携手共同推进教育变革。尽管如此,在前述案例中,我们看到,挪威和中国香港的学校合作实践设计恰恰源自教师在课堂上组织学生开展合作学习和自主学习的原则与行动策略。在哥伦比亚,学生能够主动扮演朋辈教师的角色,弥补部分教师在知识与技能上的欠缺。美国西北农村创新和学生参与合作网络中,英语教师通过与学生分享议论文写作,或通过拍摄社区影像作品等方式分享生活经验,弥合了双方在认识上的分歧,进而与学生携手实现更高层次的合作。

十、为人类共同发展而努力的大局观

教育不应该是这样一个世界:教育管理者通常高屋建瓴、纵览全局,其他人则多半在自己的小角落里默默工作。过去,教育中的全局思考只会出现在领导们的会议上,教师们开会主要聚焦课堂教学情境中特定教学技能和教学策略的经验切磋。但在合作专业主义中,每个人都胸怀全局。

加拿大安大略的学校一直将自身定位为学习型组织。学校的每位成员不仅胸怀全局,还实实在在地体验着学校系统中各个方面如何相互关联和持续运作。在哥伦比亚的微中心,教师们谈论合作背后的政治议题,谈论各自对合作关系建构做出的实际贡献。挪威德拉门市的教师们聚在一起共同构建学校发展的未来愿景。美国西北农村创新和学生参与合作网络中,是学校教师而不是西北教育公司的管理人员共同制订学校未来可持续发展的行动策略。

本章小结

如将以上十项原则以提问的方式列出,则包含如下问题:

- 面对重要的专业抉择时,您是否能够且愿意与同事一起探讨,共同做出专业判断?

- 您是否发自内心相信每一位学生都能不断成长,取得成功?您是否已为帮助学生不断成长、收获成功做好了准备?

- 您是否不断反思自己和他人的教学实践,并通过行动探索发现问题、解决问题?

- 您对学校或社区的孩子有像对待自己孩子一样的责任感吗?您是否与其他同事共同承担帮助这些孩子的责任?

- 您是否主动做出改变、发起创新,帮助有需要的同事解决问题,在持续创新这件事上一往无前?

- 您是否就教育观点、教学计划、政治议题,或如何帮助那些挣扎中的需要特殊关注的儿童等与同事进行深入探讨,甚至激烈辩论?

- 您是否与来自校内或校外的同事共同投入到真正的合作中,完成诸如备课、教学、反思或提供反馈等工作?

- 您的学习和教学是否充满意义深刻的道德基础? 您是否发挥自身影响力和权威帮助年轻一代探寻生命真正的意义和目标?

- 您会与学生合作开展教学,甚至有时为了他们而合作开展教学吗?

- 您是否了解所在学校的教育目标和愿景以及组织中的各环节是如何相互联系的? 您是否了解自己在组织中的角色和承担的责任?

第九章
合作专业主义中的 4B

在教育领域，一种新的方法、实践或行动策略一旦出现，很快就会传播开来。尽管如此，很少有人停下来思考这种特定的设计或模式是否或在何种程度上能持续发挥效用。

在气氛不算宽松的文化氛围中，教师之间相互反馈多是例行公事，说些无关痛痒的套话。若专业学习共同体的目标由管理者设定，聚焦于提升学生成绩或解决实际问题，这样的共同体虽为管理者所推崇，却不太受教师欢迎。道理很简单：缺乏信任的变革难以为继。如果没有积极的专业关系，变革就没法顺利实施或持续推进。

那么，与合作专业主义全过程（4B）（见图 9.1）——从合作之前到超越合作——相关联的文化情境各要素中，究竟是哪些要素帮助我们理解并有效激活了合作专业主义？

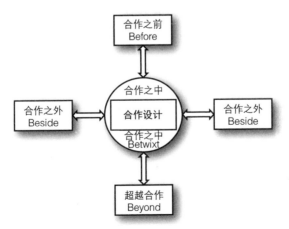

图 9.1 合作专业主义中的 4B

一、合作之前

在合作专业主义模式出现之前,合作是什么样子的? 当下的合作设计只有与长期的合作文化和共同体构建结合起来考虑才能体现出实际效应。**除非预先经历较长的热身期,否则这样的合作设计很难在实践中成功推进,因为做不到像短跑运动员那样快速启动**。出色的合作模式或合作系统类似于一座屡获殊荣的建筑物——是生动的文化底蕴令其生机勃勃。否则,我们看到的仅是一具空壳。

在合作模式构建之前、之中、之外到超越合作模式本身,合作专业主义的任何创新都是各方面相互关联的结果。教育领导者理解并认识到推动合作专业主义需要时间和相应的技术、技巧。对合作专业主义的"局外人"而言,这也是合作能否成功的核心和关键点。

二、合作之中

在学校及不同的社会文化情境中,在所讨论的合作模式内部及周边,还有哪些合作模式? 本书前几章讨论的专业合作模式并不是独立存在、互不相关、毫无规律地散落于世界各地的。

在前述讨论中,学校系统内部如何开展合作反映的是这个社会情境的文化特征。挪威教育者的内敛稳重以及他们与孩子们分享的对自然的热爱,哥伦比亚教师充满活力的互动和对教学及政治议题表现出的热情,中国香港学校内部等级化的合作关系和教师之间的协调配合,这些都较好地解释了在向合作专业主义转变的过程中,专业合作系统如何以及为何难以脱离特定文化情境因素而整体移植。

三、合作之外

除了政府支持的特定合作,即具有合作时间分配、有广泛专业网络支持的合作外,教育系统还为各种类型的合作开展提供了哪些支持?系统中所有学校都需找到与之和谐相处的方式和路径。若来自教育系统的外部支持有限或引导方向有误,各学校之间彼此和谐相处可能是不错的选择。[①]

譬如,美国西北农村创新和学生参与合作网络中的教师就将工作计划与各州课程标准的要求结合在一起。在教育局的大力支持下,中国香港粉岭学校常态化的公开课活动持续开展。挪威的教育者从系统设置的自由度较高的人文类课程(而不是仅针对学生阅读和计算能力的课程)中获益匪浅。不仅如此,该系统还为教师合作提供时间,并持续为挪威教师推进专业合作创造条件。而在缺乏适当的系统性支持的地方,如哥伦比亚农村地区的新式学校网络,合作支持系统的建立尚需耐心。

四、超越合作

特定合作设计的理念和行动与世界不同地方的学校、国际研究中对合作的探讨、在线远程协作以及其他的合作形式之间,究竟有哪些相互关联的地方?事实上,教育系统内部的活力经常受教

---

① Fullan, M., & Quinn, J. (2016). *Coherence: The Right Drivers in Action for Schools, Districts, and Systems*. Thousand Oaks, CA: Corwin; Johnson, S. M., Marietta, G., Higgins, M. C., Mapp, K. L., & Grossman, A. (2015). *Achieving Coherence in District Improvement: Managing the Relationship between the Central Office and Schools*. Cambridge, MA: Harvard Education Press.

育系统外部环境变化的驱动和激发。当新的知识进入组织系统并制度化后,这类制度化的知识亦将输出,为其他系统注入活力,促发其学习与改变。

教育者若始终待在自己的教室、学校或本国本地区范围内,他们对事物的认识便很难获得创新灵感。如果人们只向内看,永远看不到外面的东西——尽管有时这些东西与他们只是一墙之隔。一直向内看也可能是学校或教育系统发展停滞不前的原因之一,因为系统限制了自身学习能力的提升。

尽管相隔万里,美国西北农村创新和学生参与合作网络中的各个学校之间面对面或在线交流持续推进,从未间断。挪威教师有机会在英国参与合作学习培训,还可以访问加拿大安大略省,参观该地区高效运作的教育系统。中国香港的教育工作者前往新加坡、日本以及中国上海这样的高效能教育系统参观学习。从教育工作者期待的及实际学到的这一角度来看,这样的参观学习对他们日后的教学实践产生了重要影响。哥伦比亚的新式学校网络如今也已遍布世界许多地方。这一模式超越乡村的边界,为城市乃至全球范围内的学校及教师合作提供实践参考。

本章小结

在这些看得见、摸得着的合作程序之外,积极践行合作专业主义的学校遍及书中所述五个地区和全球多个地方。这些学校通过自然交往或借助数字技术,由外而内地发起变革,又由内而外地实践变革。其中到处可见约翰·杜威引以为傲的辩证思维模式(而不是非此即彼的思维模式)。这种思维模式具有灵活且可持续的特点,重视兼顾短期目标和长期目标,无论在正式的还是非正式的、直接的还是间接的合作文化情境中,都始终坚持追求卓越。

从专业合作到合作专业主义

最后,回到先前一个合作案例中引入的分析框架,我们认为这个框架运用范围比较广。该框架帮助我们解释了从专业合作向合作专业主义推进的全过程(见图 9.2)。简言之,随着对专业学习共同体(及其合作关系)认识的逐步深入,这些合作模式也在不断优化,向前推进。

让我们一起来看看教育实践者、教育领导者和决策者接下来可以采取哪些具体措施来实现这些目标。

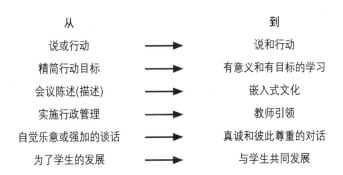

从		到
说或行动	➝	说和行动
精简行动目标	➝	有意义和有目标的学习
会议陈述(描述)	➝	嵌入式文化
实施行政管理	➝	教师引领
自觉乐意或强加的谈话	➝	真诚和彼此尊重的对话
为了学生的发展	➝	与学生共同发展

图9.2 从专业合作走向合作专业主义

第十章
实践合作专业主义

大多数关于专业合作和专业发展的研究报告都会以经典的三段式总结作为结尾,即未来我们需要更优秀的领导、更充裕的时间和更丰富的资源,以更好地支持专业合作与专业发展。毫无疑问,没有任何报告会得出我们需要拙劣的领导力、匮乏的资源、稀缺的时间这样的结论。在本书的结论章,我们想在时间、资源之类的标准化建议之外加入一些新内容,尽管这些标准化的建议同样重要。我们的关注点是:为了增进合作专业主义,我们还应该做些什么?换句话说,合作的顺利开展绝不仅关乎时间和经费。接下来,我们尝试回答以下三个问题:

- 我们该即刻停止做什么?
- 我们该继续坚持做什么?
- 我们该着手开始做什么?

一、我们该即刻停止做什么?

对儿童、学习和教学的考虑应优先于计算仪和数据。当然,这并不意味着我们不考虑数据。在教育中,数据能帮助我们追踪和监测学生的学习进展,识别学生学习的最近发展区(需要缩小的差距)及不同群体之间学业表现的差距等。数据分析让我们注意到学习需求被忽视的学生(无论是否有意,他们的需求都很容易被人们忽视)。这些学生可能是班上性格安静的孩子,或整体学业表现处于中等水平的学生(如我们在挪威德拉门所发现的)。数据还可以通过锚定诸多问题(如低毕业率、留级或教师流失率等)背后的成因,为我们解决问题提供思路。总之,数据分析的加持使学生学业监控、问题解决及教育问责实施等都较之前更为顺利。

尽管如此,数据团队不应主导教师的工作,更不应成为教师的所思所忧。过分强调数据分析会分散教师对教与学这一工作核心的注意力。社会科学家、行政官员和技术公司常常以大数据之名沆瀣一气,过分相信人类可通过纯科学来控制学校和社会,认为一切都是线性的、可预测的,否认社会现实的复杂性、混沌性与不可预知性——而这正是自 19 世纪以来无数政策决策者和学者所倾心的幻觉。

对教育工作者来说,最重要的是对自身正在从事的工作进行持续探究,在教育过程中有意识地将大数据和小数据结合起来进行专业判断。如此,数据的运用才能对改善教师工作有益,即真正有效促进教师教学、学生学习及儿童的发展。

许多合作专业主义的设计在未充分考虑合作演变赖以依存的文化背景的情况下就贸然采用,最终不了了之,如课例研究。为避免创新工作中经常出现困境,我们建议每个探究团队都配备、吸纳或发展一名驻团人类学家。人类学家的专长是理解文化。他们深谙自身所在社区的文化脉络:什么是重要的,人们如何互动,随着时间推移社区会发生哪些变化等。他们也了解其他文化情境(即他者文化)中蕴含的核心价值观、包含的社会关系的独特性以及长久以来形成的社会实践是如何塑造该国社会文化传统和学校领导力的。当一项创新合作设计进入学校教育系统的视野,人类学家这一角色可以帮助大家弄清楚该设计的哪些方面需要维持不变，哪些方面需要调整，从而使特定合作设计更好地为特定社区或共同体所采纳。

改革本身如同长熟的水果，历经长途跋涉到达另一个地方后，很难鲜美如初。合作专业主义的设计亦是如此。如果能够清晰认识支撑各地合作设计背后的文化特征与自身所处文化情境的关系，那这些来自远方的设计将给我们以启示，进而在本地情境中发挥作用。若想成功地将新的合作方式移植到本地，需要仔细思考合作在何种程度上应由行政主导进行规定性设置，在何种程度上可随合作者的兴趣而自发形成，又在何种程度上应因循步骤设定阶段性安排。实际上，若缺乏人类学家的角色，大部分人不仅很难理解其他文化特性，甚至不一定能深入把握自身所处文化情境的独特性。正所谓"老牛吃草却不知所吃为草"。所有这些听上去或许牵强，但已有很多跨国公司通过雇佣人类学家帮助企业弄清自身发展的历史及关键事件，为未来的发展增添华章，成功实现转型。

无论是课例研究、合作探究、跨校帮扶，还是成为教育工作者（如政策制定者、校长或各类教师等）的诤友，每位专业工作者都必须主动思考新的合作专业主义设计在自身所处学校情境中是否能够发挥效用。

若团队专业人员不断变化，则有效合作难以为继。当学校领导不断更换，学校就会不断地从一个方向转向另一个方向，这会使得教师要么离开，要么什么都不做，等待变化浪潮的平息。当大量教师不断更换，情况就更糟了。

在这种情况下，学生们感到没人关心自己；与此同时，他们也不关心别人。若教师每年都需要花时间去熟识新同事，他们就无法有效开展合作。当学校盛行高度流动的文化时，教师会表现得以自我为中心，自生自灭，自主沉浮。他们还会感到孤独，不知所措，甚至感到没有希望。最后，就像之前离开的人一样，这些教师也会陆续离开学校。事实上，这个让教师感到挫败的问题还会延续下去。

高流动率也可能是政策蓄意的后果。这些政策自上而下、持续不断地要求教师执行改革，干扰教师日常教学。更糟糕的是，教育系统或学校可能被利益驱使，愿意维持一支年轻、廉价且流动性高的教师队伍，以降低学校成本，减少变革对校长及利益相关人带来的阻力。

前述案例中，中国香港、加拿大安大略省和挪威德拉门市开展的合作设计是在学校领导力多年来相对稳定的情况下出现的。这些学校领导层围绕具体的合作设计——如课例研究、专业学习共同体和合作探究等——建立了强大的合作文化。但是，如果这种文化在学校中尚不存在，如果高流动率是学校教师队伍建设中一直存在的问题，学校又该如何做？

苏珊·摩尔·约翰逊(Susan Moore Johnson)及其同事在研究中发现，若教师认为自己是在合作的文化氛围中工作，那么对学校及教师职业的忠诚度会大幅度提高。学校领导者为建立教师合作文化所做的所有努力——包括为年轻教师提供专业支持、激励教师的职业成就感、不断积累有效合作的行动策略等——都将提升教师的职业弹性和韧性。不仅如此，如中国香港粉岭学校所呈现的针对新教师开展技能培训(如团队合作)，根据能力分配他们相应的工作任务等，都可能加速建立有效的合作专业主义。培养合作专业主义最好的方法就是发扬合作专业主义。因此，如果你已开始行动，这就是一个发起和推进合作专业主义螺旋上升的好时机。

二、我们该继续坚持做什么?

构建深入紧密的合作关系在起始阶段并不复杂——无非是通过举行社交聚会建立关系,或创建团队以完成特定任务(如开发课程)等。不过,随着时间的推移,无论是正式的还是非正式的、长期的还是短期的,合作活动都逐渐变得越来越复杂,它不仅是一系列活动或事件的合并,还作为一种生活方式存在。这些都使得合作专业主义能够持续不断地向更深层次推进。

因此,建立专业合作的第一个挑战是开启一些新的合作方式。一旦这些方式取得成效,则需要马不停蹄地持续发展专业合作的其他方面,如引入多元反馈,提升反馈质量,推动更深层次的专业对话,或让学生更广泛地参与到合作中。这些专业合作策略将有助于推动专业合作向更复杂、更深入、更广泛的方向发展。

在许多国家和地区,反馈作为改进工作的主要优先事项之一正受到重视。但并不是所有反馈都能发挥积极作用。过于严厉的反馈、不规律的反馈或缺乏可靠证据支持的反馈,都不会对反馈接收者产生积极的影响。然而,如果我们以多种方式向同事征求建设性或批评性反馈意见(而不是仅依靠彼此孤立的过程或结构进行反馈),这样的反馈将避免很多尴尬或突兀发生。

课例研究或健康的同行评议设计是对事不对人的反馈机制。这一反馈过程也可以通过在教师发展过程中或在教师学习网络中扮演相互批评的诤友角色来实现。对校长和其他学校领导来说,改革的阻力还可以通过以下方式被合法化,包括:鼓励教师对新项目或与创新相关的问题进行集思广益;提出多种方案供教师参考(而不是要求教师接受或拒绝某个特定方案);将一个组的教师随机分为正反两方,便于他们能够针对问题展开辩论等。

如果想让教师接受批评性反馈,学校领导者必须以身作则,疏通反馈获取渠道,经常听取反馈,根据反馈适时采取行动,重视反馈的价值。**如果校长自己都不愿意参与其中,何谈让教师相信批评性反馈有助于专业提升?**

合作专业主义不仅意味着在特定的大环境中开展合作,如制定行为管理策略或新教师入职计划等,还意味着参与合作的教师能够认识到合作行动带来的变化与更为宏观的学校发展图景之间的相互关联。是否所有教职员工甚至包括学生都应参与到制订学校愿景和使命的过程中? 学校领导者是否经常就某项具体改革和团队任务如何融入学校发展愿景做出阐释? 当被问及他们所在的学校是一所什么样的学校时,你会从该校的教师、学生、校车司机、门卫、家长、行政助理及校长那里得到相同的答案吗?

此外,教育领导者见证并参与到学校变革的小图景中也很重要。教育部长、教育部秘书长或学区教育督导是否每周进入学校参与会议、发布公告? 这些工作是否不仅在一些顶尖学校开展,还在教育系统内各类学校中持续开展? 校长是否定期走进课堂,与学生和教师互动,并亲自参与课堂活动——不仅为了评估监控,更因他们想知道真实的课堂教学现场正在发生什么? 没有这些由一个个聚点构成的学校小图景,教育大图景就没有意义。反过来,如果没有教育大图景来连接这些聚点,校长和教师会感到自己所做的努力都是杂乱无章的。

三、我们该着手开始做什么?

首先,我们必须探索多种方式方法,尽可能让学生参与到合作中来,这样方能让合作专业主义对教师和学生来说都更为有意义。对年轻一代来说,勇于发起变革,推动变革,成为未来的改革家,是他们必须发展的一项重要的全球素养。这可能意味着未来的年轻人需要具备生产创意,创建新公司,纠正社会不公正现象以及为一项事业孜孜不倦地持续努力的能力。这些都是年轻人需要认真学习和培养的能力,而不是偶然遇到问题时,才对如何组织、倡导、倾听、谈判、鼓舞、合作、筹集资金、建立联盟等事宜做些粗浅了解。在这些能力中,有的能力可在正式课程中培养,但更多的能力是在学校文化环境及学生的学校生活这样的隐性课程中培养起来的。若不鼓励学生在学校中成为变革者,他们又将如何成为未来社会的变革者?

学生参与合作不应仅仅为了成为教师思想的接受者,尽管这样的目的确实存在。学生也有表达和分享想法的权利,与教师一起享有同样的变革体验。

当然,面对学校发展前景与校内学生日常合作的问题时,教师对学生合作忧心忡忡,其原因与学校管理者担心教师群体参与合作决策的原因类似。如果赋权教师合作,教师工会在基层发挥的影响力是否会超越校长和学区负责人?同样地,如果让学生参与到合作决策中,他们是否会做出不成熟或不负责任的决定?毕竟对教育工作者和学习共同体而言,教师才是"铁打的营盘",而学生不过是"流水的兵"。以上这些均是在寻求学校范围内更为广泛的合作运动中极易出现的自主性、专业权力和控制力丧失所致的焦虑反应。

总的来说,那些在上级面前缺乏自主性的人,才会急于让下级对自己言听计从。**让学生参与有效合作通常是教师之间构建强有**

力的合作专业主义的前提和关键。教师对自身权威越自信,就越有可能对学生放手,让学生拥有自主权和掌控感。用越南释一行禅师(Thich Nhat Hanh)的话说:"是恐惧阻止我们放手。我们会担心,如果放手,将一无所有。放手是一种实践,也是一门艺术。"

其次,由本书重点介绍的一些合作案例可见,数字技术对合作专业主义的支持和维系发挥了显著作用。在美国西北农村偏远地区,在加拿大安大略省的荒野,数字视频技术使得曾因地理位置偏远或沟通成本较高而彼此隔离的教师和学生重新连接在一起:借助数字信息技术,教师们可以通畅无阻地探讨和反思问题;学生们可以聚在一起进行作业反馈;学区负责人和教师们相互交流想法,共谋发展愿景。哥伦比亚的农村学校现在也逐步借助数字信息技术展开超越时空限制的沟通交流。在中国香港及其他亚洲国家的教育系统中,干劲十足的教师们正使用各种数字平台分享想法,存储影像资料。

最近,来自经济合作与发展组织的全球数据显示,大体上看,最先将信息技术运用于教育领域的那些国家,他们的学生成绩提升并不算显著。尽管如此,这一数据并不能全盘否认技术本身的优势。这更多的是对当前政府财政紧缩的大环境下技术公司挥斥巨资导致技术滥用问题的批评。毕竟与此同时,用于公共教育的资金也正在被缩减。

在对学校是否该大量使用信息技术进行激烈争辩之后,是时候冷静下来认真研究使用技术与否如何影响学生的学习成效(而不是光盯着学生的平均成绩)。在此基础上,进一步澄清信息技术在哪些方面能够显著提升合作专业主义,发掘信息技术之于合作专业主义建构的独特性。技术为教师和学生们接触校外更具挑战性的批评反馈提供可能。在此之前，这样的反馈很难从身边同处一所学校的同事那里获得。对某些身处偏僻学校缺乏同事反馈的教师来说，技术可将相同兴趣、教授相近学段的教师联系起来，为他们开展集体备课与反思提供工具支持。教师可以通过每月相对固定的线上交流维系日常交往与专业互动。这样的交流有助于巩固一年若干次不定期面对面交流的效果。此外，技术还为教师提供与同行、校长和学生家长传递信息、分享观点、扩大专业影响力的途径和方法。

但是，技术不是也不应该是解决一切问题的答案。真正重要的是通过运用技术，孩子们学得好，他们的老师也同样学得好。我们必须仔细评估数字技术的投资在哪些方面提升了教育和教师专业工作的价值，并意识到数字技术不应贬损其他同样重要的教育工作的价值，譬如身心健康与生活福祉等。

再次，学校组织的蓬勃发展与举步维艰无不是自上而下发生的。如果教师希望学生开展合作学习，那么他们应亲身向学生示范如何合作。同样，校长希望自己的教师与其他学校教师合作，自身也该表现出愿意与其他学校校长合作的姿态。当校长敦促教师合作，自己却摆出一副与邻近教育系统或学校相互竞争的立场和姿态，这会传达出何种信息？

在本研究最初的设计中，我们希望探究教育系统之间紧密合作的案例。本书其中一位作者曾写过一篇有关英格兰地方政府及其学区的文章。在该文中，当地教育系统的公立学校就招生展开激烈竞争。但即便如此，挣扎之中的学校依然相互帮助。其结果是这一学区内所有学校均得到改善，越来越多的父母愿意送自己的孩子到该学区就读，人人皆是受益者。在当地，不仅学校受上级教育领导者强烈敦促开展校际合作,学校领导者需向他校提供帮助这一点也被明确写入劳动合同条款中。

因此,即使系统与系统之间、学校与学校之间存在某种竞争关系,教育系统和学校也应尽可能找到彼此合作的方式与路径。一方面,教育系统和学校可通过培训教育领导者来使其认识到合作的价值,即便这些领导者通常都身处竞争关系中。另一方面,可考虑将合作的责任及成效纳入校长的工作合同。实际上,如果您的学校发展势头蒸蒸日上,而您作为校长迫切想知道下一步该带领学校去往何处,一个很好的方式就是去帮助另一所学校发展。

四、写在最后

世上不存在完全单打独斗的个人。奥运奖牌获得者、奥斯卡金像奖得主及年度最佳教师,无疑都具有卓越的才能和突出的成就,但他们同样受益于多年的经验、训练、领导力支持、导师带路,甚至包括竞争对手的相互激发。正是以上这些使他们在岁月中不断磨砺自己,持续成长,最终成为行业翘楚。合作专业主义关乎团队的成就,但团队成就仰赖个人成就的加持。团队成就是各方面持续贡献的结果。强大的团队能够促进决策共享,它同样支持、提示并增强团队中每个个体的专业判断力的发挥。当执法人员面临威胁,当医生不得不做出攸关生死的决定,当教师每天从上百项塑造班级风貌的决定中选择一个时,做出这些自主判断的勇气和力量无一不是从他们身后强大的合作专业主义中汲取的。

合作专业主义能够同时惠及教师个体和集体,促进教师和学生的持续发展,营造一种齐心协力面对困境的氛围,提倡教学专长分享,并在此基础上鼓励教师发挥个体自主性和集体自主性。合作专业主义欢迎而不忧惧批评反馈及任何可能的改进建议。**在过去四分之一个世纪,教学工作取得的长足进步的确归功于专业合作的建立与发展。但是,现在到了走进合作专业主义的时候,这是一种扎根于合作探究、反馈与回应,不断提出新的探究议题的专业合作。您是合作专业主义者吗? 您准备好迎接挑战了吗? 合作专业主义是一次大跨度的教育变革,它也应该是当下及未来推动全球教育改进与创新运动持续努力的方向。**

图书在版编目（CIP）数据

合作专业主义：一起教学，一起学习 / (美)安迪·哈格
里夫斯，(美)迈克尔·T.奥康纳著；张晓蕾，游蕤，吕霁月
译. — 上海：上海教育出版社，2025.2.（教师成长必读系
列）. — ISBN 978-7-5720-3309-4

Ⅰ. G40-03

中国国家版本馆CIP数据核字第20257R9E24号

Collaborative Professionalism: When Teaching Together Means Learning for All by
Andy Hargreaves, Michael T. O'Connor.

ISBN: 9781506328157

Copyright © 2018 by Corwin.

上海市版权局著作权合同登记号　图字09-2024-0974号

责任编辑　廖承琳
封面设计　郑　艺

教师成长必读系列

合作专业主义：一起教学，一起学习

[美] 安迪·哈格里夫斯　[美] 迈克尔·T.奥康纳　　著

张晓蕾　游　蕤　吕霁月　译

出版发行　**上海教育出版社有限公司**
官　　网　www.seph.com.cn
地　　址　上海市闵行区号景路159弄C座
邮　　编　201101
印　　刷　上海展强印刷有限公司
开　　本　640×965　1/16　印张 9.75　插页 1
字　　数　110 千字
版　　次　2025年4月第1版
印　　次　2025年4月第1次印刷
书　　号　ISBN 978-7-5720-3309-4/G·2950
定　　价　49.00 元

如发现质量问题，读者可向本社调换　电话：021-64373213